PHILIPPE HENRIOT
Député de la Gironde

Le 6 février

PHILIPPE HENRIOT
Député de la Gironde

Le
6 février

the Savoisien & Baglis

Tous droit de reproduction réservée
Copyright Mars 1934, by Ernest Flammarion

E. GREVIN — IMPRIMERIE DE LAGNY

ERNEST FLAMMARION, ÉDITEURS,
Imp. Flammarion Paris

Tous droits de traduction et de reproduction réservés pour tous les pays.

Première édition numérique 3 février 2008

the Savoisien & Lenculus

Tous droits de traduction et de reproduction réservés pour tous les pays.

Exegi monumentum ære perennius

Un **S**erviteur **I**nutile, parmi les autres

SCAN, ORC, CORRECTION, MISE EN PAGE

10 Septembre 2019

LENCULUS †(2016) & BAGLIS
in memoriam

Tous droits de traduction et de reproduction réservés pour tous les pays.

Pour la **L**ibrairie **E**xcommuniée **N**umérique des **CU**rieux de **L**ire les **US**uels

AVANT-PROPOS

« Bref, une soirée d'émeute. Une émeute préméditée, organisée — et des dégâts qui nous reportent aux journées les plus rouges de 1919, sous Clemenceau.

« On ne reviendra pas nous parler, sans doute, d'une indignation populaire soulevée par le scandale Stavisky. Au point où en sont les choses, il s'agit bel et bien, nul ne s'y trompe, d'un coup de force fasciste dirigé contre le régime.

« Le régime s'est défendu. »

Ainsi ment cyniquement *l'Œuvre*, en son éditorial, au matin du 7 février.

Et si nous la citons au frontispice de ces pages, c'est que ce mensonge-là, c'est celui qui, amplifié, enjolivé, perfectionné, va être répercuté pendant les jours suivants à travers la France par les soins conjugués de la presse de gauche, d'une T. S. F. domestiquée, d'un cinéma mutilé, et que ce concert magnifiquement orchestré par les Loges maçonniques, va s'efforcer désespérément de couvrir la clameur d'indignation qui monte de la terre française.

6 Février !

Pas besoin de millésime.

La date restera telle, tragique et nue, dans nos annales nationales.

Mais ceux qui firent d'elle cette tache de sang sur les pages de l'histoire essaient, avec une sorte d'entêtement farouche et borné, de donner le change.

Car ce sang les éclabousse et ils s'en épouvantent.

Ainsi lady Macbeth voulait effacer les traces de son crime et se désespérait :

« Tous les parfums de l'Arabie ne laveraient pas cette petite main ».

Eux, parce qu'ils savent que rien ne les lavera de cette souillure, se font maquilleurs de cadavres, montrent du doigt leurs victimes et tentent de les déshonorer en les dénonçant comme les assassins.

Tout de suite le travail commence. Du travail bien fait, d'ailleurs.

La même *Œuvre* écrit, dans le même numéro :

« L'abominable soirée d'émeute !
Ils étaient partis à l'assaut, résolus à ne s'arrêter qu'au Palais-Bourbon, coûte que coûte.
Coûte que coûte !

Il y a eu des morts.

Il y a eu des blessés, dont certains sont très grièvement atteints, de balles au ventre notamment.

Car on a tiré.

Qui ? Des gardes mobiles sont blessés, des gardiens de la paix aussi. Une centaine sont hospitalisés.

Les manifestants, eux, ont écopé plus durement encore, puisqu'il y a des morts, trois à Beaujon, d'autres ailleurs.

La funèbre liste n'est point close.

Mais qui donc a tiré ?

Des mitrailleuses ? Non. Quoi qu'on ait cru entendre. Pas de tacotis meurtriers, au moins jusqu'à 23 heures.

Place de la Concorde, où les plus graves scènes d'émeute se sont produites, de 19 à 23 heures, ce sont des coups de revolver, partis des rangs tumultueux des manifestants, qui ont déclenché l'échange de coups de feu.

Les gardes mobiles ont riposté par des salves à blanc. Ils n'avaient que des cartouches, pas de balles.

Des gardiens de la paix, par contre, acculés, ont dégainé le revolver et tiré. »

....

« *Les communistes aussi étaient nombreux, terriblement vigoureux, agressifs.*

Ils se sont joints en colonnes serrées, à ceux qui criaient : Vive Chiappe ! à ceux qui chantaient la Marseillaise.

> « *Sans eux, la manifestation eût été peut-être aussi violente ; elle eût duré moins longtemps, car ils étaient le renfort, le soutien, l'appoint.*
>
> *Comme aux élections, pour la même besogne antidémocratique..* »

....

> « *Et la police ?*
>
> *Elle fut brutale, mais garda son sang-froid. Elle fut loyale quoi qu'on ait pu penser..* »

....

> « *Dix mille hommes, sous les ordres de M. Bonnefoy-Sibour, ont maintenu l'ordre contre le plus féroce assaut qui ait été lancé depuis longtemps contre la République démocratique.* »

Ainsi dès le lendemain matin, les criminels espèrent avoir fourni la justification écrite de leurs crimes.

La justification parlée aussi... Et ce ne fut pas sans quelque stupeur que les Parisiens entendirent à 7 heures 30 la T. S. F. commencer ses informations par cette cynique formule :

> « *Mes chers auditeurs, le gouvernement de M. Daladier a remporté hier deux victoires, une à la Chambre et l'autre dans la rue.* »

Rien sans doute n'apparaîtra plus surprenant aux historiens de l'avenir que la promptitude avec laquelle fut établie cette version qui devait être pendant quelques semaines et contre toute évidence la version officielle des responsables et de leur clientèle.

Car si *l'Œuvre* n'était qu'un journal et n'engageait qu'elle-même, nul n'ignore que la T. S. F. était au premier rang des armes gouvernementales, — *inter instrumenta regni*. Peut-être même serait-il opportun de savoir qui, ce matin-là, lut, devant le micro de certains postes, la singulière traduction que pour les besoins de la cause on avait faite des événements. Peut-être aurait-on le droit de demander si, en cette occurrence, la préfecture de police ne fut pas l'étroite collaboratrice d'un speaker dont certains habitués ne reconnurent pas la voix, qui pourtant, leur était familière...

Mais au surplus, à quoi bon s'attarder à la presse, à la radio ?

Leurs maîtres avaient parlé eux-mêmes. M. Daladier, chef du gouvernement, avait donné le branle.

Pauvre homme en qui crurent tant de naïfs, — ce qui eût été une erreur réparable s'ils ne l'avaient du même coup fait croire en lui ! Pauvre homme qui rêvait d'entrer dans l'histoire !

Hélas ! il y est entré.

Il y restera à jamais :

Il est désormais le Président du 6 Février.

Lui aussi, tout de suite, il s'est mis à mentir.

A 23 heures 15, il communiquait à la presse une note qui donnait l'estampille officielle à la nouvelle « rumeur infâme » :

« L'appel au calme et au sang-froid que le gouvernement avait lancé ce matin par la voie de la presse a été entendu par les anciens combattants qui se sont refusés à s'associer aux agitateurs professionnels.

« Par contre, certaines ligues politiques ont multiplié les excitations à l'émeute et tenté un coup de force contre le régime républicain.

« Des bandes, armées de revolvers et de couteaux, ont assailli les gardiens de la paix, les gardes républicains et les gardes mobiles. Elles ont ouvert le feu sur les défenseurs de l'ordre ; de nombreux agents ont été blessés.

« La preuve est faite, par l'identité des manifestants arrêtés qu'il s'agissait bien d'une tentative à main armée contre la sûreté de l'État. »

Chacun d'ailleurs, met son visa sur ce passeport délivré à la calomnie.

Le Ministère de l'Intérieur n'a pas un mot de regret pour les morts, pour « ses » morts.

Au contraire.

En trois lignes, il les exécute une seconde fois.

Dans la proclamation où il adresse les « remerciements du gouvernement » à la police et aux troupes, il écrit, à minuit 45 :

« Dans des circonstances difficiles, vous avez assuré l'ordre. Vous aviez à lutter non pas contre des

manifestants ordinaires affirmant leurs opinions, mais contre des émeutiers qui vous ont frappés par les procédés les plus abominables.

« Demain, nous aurons peut-être à reprendre la défense. Nous le ferons ensemble pour la France et pour la République. Des moyens encore plus efficaces seront mis à votre disposition. Tout le nécessaire sera fait. Grâce à votre énergie, force restera à la loi. »

Voilà !

Cet homme est satisfait !

Un seul regret : l'armement des meurtriers était défectueux. On y a pourvu et on fera mieux la prochaine fois.

Puis, comme il faut que le passeport soit bien en règle, maintenant que le Président du Conseil a signé, que le Ministre de l'Intérieur a signé, il importe que le Préfet de Police vise à son tour ce certificat pour la postérité.

Et à 3 heures 15 du matin, M. Bonnefoy-Sibour déclare :

« Nous devions protéger l'Assemblée délibérante et différents points de Paris.

« Nous y sommes parvenus. Je ne puis vous dire encore à quel prix.

« Nous avons fait tous nos efforts. Les gardiens de la paix ont été au-dessus de tout éloge. Je les connaissais déjà. Je comprends qu'on les aime.

« Je viens, d'accord avec le Gouvernement, de prendre des mesures pour accroître la sécurité ; elles

nous permettront d'assurer l'ordre dans de meilleures conditions.

« Tout le monde a fait son devoir.

« Des morts, il y en a, malheureusement, mais il m'est impossible d'en donner maintenant un chiffre exact. Quant aux blessés, leur nombre s'élève à environ quatre cents. »

On sait trop que ces chiffres devaient être singulièrement accrus.

Mais maintenant le dossier de l'affaire est en règle.

L'essentiel est dit.

Le gouvernement Daladier-Frot vient de sauver la République !

Les anciens combattants, les citoyens écœurés, les bons Français qui veulent une France « honnête et propre », — les voilà catalogués : « des émeutiers, des bandes armées... »

Demain, le vocabulaire s'enrichira. Pour le moment on peut s'en tenir là.

Pierre Cot, Jean Mistler, Guy La Chambre, André Marie et quelques autres vont pouvoir jouer d'un cœur léger les « Jusqu'auboutistes » de cette nouvelle guerre. Paris est maté.

« La Province à la rescousse », criait hier, Jean Mistler dans les couloirs de la Chambre...

Ils croient « la partie gagnée », — car c'est ainsi qu'ils s'expriment.

Leurs victimes jonchent encore les lits des hôpitaux et des cliniques ; ils n'ont pas encore fini de compter leurs morts ; les journaux constatent avec une sorte d'horreur épouvantée que ce fut une nuit de guerre civile... Eux disent : une partie !

Cette partie, ils l'ont en effet gagnée, puisqu'en ce matin ils se retrouvent tous vivants, — vivants et ministres.

Et puisqu'il en est ainsi, rien n'est changé. Le Gouvernement est resté maître de la situation. « Force est restée à la loi », déclare M. Frot. M. Bonnefoy-Sibour ajoute : « En somme, tout s'est passé le mieux du monde. »

Sous leurs fenêtres pourtant, monte et s'enfle une atroce clameur : « Assassins ! assassins ! », répètent à l'envi des voix innombrables.

Eux, tendent l'oreille et froncent les sourcils. Les « factieux » ne sont donc pas encore réduits au silence ?

Ah ! s'il s'agissait de factieux, sans doute en effet seraient-ils cette fois calmés et domptés. Mais il s'agit de bien autre chose. Il s'agit d'un peuple entier qui s'est soulevé. Le vieux mot historique demeure plus que jamais d'actualité : Une émeute ? Allons donc, une révolution !

Une révolution unique en son genre. Une révolution qui ne rêve aucune conquête. Une révolution désintéressée et faite par des gens qu'enflamme une seule passion généreuse entre toutes : celle de la justice. La preuve, c'est que pour bien montrer qu'ils haïssaient les violences, ils n'ont même pas voulu s'armer. Ils sont trop sûrs de leur bon droit pour ne pas s'en remettre uniquement à lui. Il leur paraît si éclatant et si incontestable qu'il leur suffira, se disent-ils, de le proclamer pour le faire triompher et ils ont le sentiment que cette clameur fervente et passionnée aura, à elle seule, comme les trompettes bibliques, raison des remparts derrière lesquels se croient encore en sûreté leurs adversaires.

Ceux-ci, confiants dans leur force, écoutent et ricanent. Ils ne savent pas encore au milieu de quel fracas terrible vont s'écouler les remparts dont ils sont si fiers, ni quels flots de colère, de mépris et d'indignation vont, dans un instant, les submerger.

Quelques jours plus tôt, Frot avait annoncé qu'il aurait « sa journée ».

Il l'a eue.

Macbeth aussi était devenu roi.

Mais le spectre de Banco ne devait plus le quitter.

Jamais les spectres des morts du 6 Février ne quitteront plus ces hommes, malgré leurs fanfaronnades, leurs plastronnades, leurs mensonges, leurs ricanements.

Le 6 Février aura vu leur apogée, mais aussi leur effondrement.

Rien n'est glissant comme une flaque de sang.

Et même s'ils bénéficient des fonds secrets pour imprimer leurs feuilles, leurs tracts, leurs affiches ; même s'ils ont à leur solde les orateurs révolutionnaires ; même si les Loges se mettent à leurs ordres pour colporter leurs histoires ; même s'ils ont le pouvoir de couper les filins, de museler la T. S. F. et d'acheter les silences, la vérité se fera jour.

C'est pour l'aider à se manifester plus vite que nous avons écrit ce livre. Sans doute des plaintes ont été déposées et une commission d'enquête nommée par la Chambre.

Mais en dépit des meilleures volontés, la conjugaison des lenteurs judiciaires et des lenteurs parlementaires risque d'ajourner l'heure où éclateront les droits de la justice et de la vérité.

Et puisque les coupables se font accusateurs, que les meurtriers se font victimes, que les assassins se font justiciers, on nous pardonnera de n'avoir pas attendu que se fussent refroidies les cendres des morts et tus les gémissements des blessés pour arracher leur masque aux comédiens tragiques qui, le 6 Février, n'hésitèrent pas à jouer leur chance sur le coup de dés sanglant de la guerre civile...

BONNEFOY-SIBOUR (Adrien, Georges, Alphonse.)
<u>Préfet de police</u>

Né le 23 octobre 1881 à Pont-Saint-Esprit (Gard). Père maire, conseiller général, député, sénateur. Études au lycée Henri IV à Paris. Doctorat en droit. Sous-lieutenant. Préfet de police (3 février 1934). Préfet (hors classe) de Seine-et-Oise, sur sa demande (17 mars 1934). Ministre plénipotentiaire à Copenhague (17 décembre 1935). Préfet honoraire. Président du conseil d'administration et du comité technique de la Cité nouvelle. Franc-maçon.

Photographie officielle de la préfecture de police

Le 6 février

CHAPITRE PREMIER

LE CHEMINEMENT DANS LA SAPE

Car ils ont raison tous ceux qui parlent de coup de force.

Le 6 Février fut bien la journée du coup de force.

Mais ceux qui le tentèrent n'étaient pas les « fascistes » ni les « troupes de la réaction ».

Bien au contraire.

Et nul ne peut comprendre le véritable sens de la journée tragique s'il n'en connaît les préliminaires et les préparatifs.

Un an de régime cartelliste avait recréé dans le pays tout entier les déceptions et les amertumes de 1926.

Les ministères s'écroulaient les uns sur les autres.

Le parti radical, seul chargé des responsabilités et des bénéfices du pouvoir, s'irritait de sa propre impuissance.

Prisonnier d'une littérature démagogique, aussi encombrante après les élections qu'elle avait pu être fructueuse avant, il ne pouvait que partager son temps entre les imprécations qu'il lançait à ses adversaires de droite et les reproches amers dont il accablait ses alliés à éclipse de la S. F. I. O.

Aussi bien les cadres des deux partis craquaient-ils de toutes parts.

La scission s'était faite au sein des socialistes.

Un mouvement de dissidence se dessinait maintenant chez les radicaux où les néo-radicaux apparaissaient comme les frères jumeaux des néo-socialistes.

Bertrand de Jouvenel, Jean Luchaire, Pierre Cot, Pierre Mendès-France, Jacques Kayser, Jean Zay, se distinguaient par leurs piaffements d'impatience. Ils donnaient d'ailleurs à leur vocabulaire le ton de la littérature révolutionnaire, sans même en éviter les poncifs usés.

Pierre Cot, en des articles sarcastiques sur le désarmement publiés dans *la République*, avait pris le ton depuis longtemps.

Le 15 novembre 1932, on pouvait lire sous sa signature :

« Dès aujourd'hui, je veux indiquer que pour assurer le contrôle international, il me paraît indispensable de porter atteinte aux intérêts sacrés des marchands de canons. Je dis « sacrés », car je

commence à croire que si tant d'hommes ont souffert de 1914 à 1918, ce fut pour ces Messieurs.

« Mais nous ne recommencerons pas.

« La seule guerre que je consente à faire et pour laquelle une fois de plus, je risquerais ma vie, c'est celle que nous ferons contre les profiteurs de la paix armée et de la guerre. Et contre leurs alliés conscients ou inconscients : je dis inconscients pour ménager toutes les susceptibilités, toutes les médiocrités et tous ceux qui croient encore que la course aux armements et la méfiance internationale peuvent fonder la paix. »

On reconnaît le sophisme habituel et ce futur ministre de la Défense nationale annonce déjà qu'il accepterait éventuellement d'un cœur léger la guerre civile.

Un Jean Zay a pareillement commencé de bonne heure à se montrer libéré de tous les préjugés du patriotisme en écrivant une page infâme dont il a essayé de s'excuser en expliquant laborieusement, en commentant subtilement.

Hélas ! ni commentaires, ni explications, ne prévalent contre un texte qui se suffit à lui-même et qui en dit long sur la mentalité de celui qui, à vingt ans, faisait sous cette forme, ses premiers essais littéraires.

Plus significative encore que la page est cette dédicace à Paul Dreux où il laisse entendre que ce chapitre n'est, dans son intention que le premier d'un livre qu'il compte intituler *les Respects*.

Ainsi, manifestait-il son mépris des préjugés traditionnels en attaquant d'abord, entre tous les respects, celui qui entoure le symbole de la Patrie.

On a lu dans la presse, ce morceau sur le drapeau dont nous rappelons ici quelques phrases seulement, car la décence nous contraint d'expurger.

« *Ils sont quinze cent mille qui sont morts pour cette saloperie-là.*

« *Quinze cent mille dans mon pays, quinze millions dans tous les pays.*

« .....

Quinze cent mille hommes morts pour cette saloperie tricolore...

« .....

« *Qu'est-ce que c'est que cette loque pour laquelle ils sont morts ?*

« .....

« *Quinze cent mille pourris dans quelque cimetière, sans planches et sans prière...*

« .....

« *Pour cette immonde petite guenille ?*

« *Terrible morceau de drap cloué à ta hampe, je te hais férocement : oui, je te hais dans l'âme ; je te hais pour toute la misère que tu représentes, pour le sang frais, le sang humain aux odeurs âpres qui gicla sous tes plis ; je te hais au nom des squelettes...*

« *Ils étaient quinze cent mille...*

« *Je te hais pour tous ceux qui te saluent ; je hais en toi la vieille oppression séculaire, le dieu bestial, le défi aux hommes que nous ne savons pas être ; je hais tes sales couleurs, le rouge de leur sang, le bleu que tu volas au ciel, le blanc livide de tes remords...* »

Étrange équipe que celle qui a de tels porte-parole.

Autour d'eux, des intellectuels, des écrivains d'avant-garde, snobs gagnés à un bolchevisme moral et politique, arrivistes précocement aigris, les appuient et les encadrent. Ils font ainsi à bon marché figure de bousculeurs et de novateurs.

Ils ont des « doctrines » hardies et entendent secouer le joug des pontifes.

Herriot, en particulier, est l'objet chez eux de haines vigoureuses.

Son sentimentalisme verbal, son perpétuel attendrissement, son auto-idolâtrie, les exaspèrent.

Enfin, ils tiennent à garder le contact avec les révolutionnaires de tout poil, de Gaston Bergery à Marcel Déat.

L'un et l'autre les attirent, le premier par son audace froide, son inquiétante et ténébreuse activité ; le second par une sorte de résolution morose et sardonique et par sa rigueur de doctrinaire ; tous les deux par l'impression. diverse et commune qu'ils donnent d'être implacables.

Implacables.

Peut-être est-ce le mot qui caractérise le mieux ces « jeunes ».

On le rencontre à chaque page de leur littérature.

Le 28 décembre 1933, dans *la République*, M. Georges Roux écrivait :

« *Les premiers républicains, encore dans la verdeur de leur foi, n'hésitèrent jamais devant le choix des moyens pour sauver la République...*

« *Tant que dura leur règne, ils assurèrent la sauvegarde du régime parce qu'ils se montrèrent* implacables *et ne s'embarrassèrent d'aucun autre préjugé que celui du salut public...* »

Le 4 janvier 1934, c'est M. Gaston Martin qui précise dans le même journal, les caractéristiques du jacobinisme de demain :

« *Il aboutira, lui aussi, à un âpre sursaut d'énergie et à une* implacabilité *de décision. Il ne sera ni moins dur pour les adversaires ni moins injuste dans l'élimination des résistances.* »

Car le « jacobinisme » le hante. Ce mot agit sur eux à la manière d'un alcool. M. Gaston Riou écrit, toujours dans la même feuille, à la date du 2 décembre 1933 :

« *Il y a un peu plus d'un an, dînant à Paris avec quelques jeunes députés, je fus surpris de cette prophétie de l'un d'entre eux, approuvée de tous :* « La législature finira au fond de la Seine. » »

« *Pour dire la vérité au corps qui incarnait jusqu'ici, à nos yeux et aux yeux de tout le peuple républicain, le plus profond de notre foi civique, cette parole, de l'un de nos meilleurs députés, ému de son premier contact avec la Chambre, j'ai entendu beaucoup de simples citoyens, ces derniers temps, la prononcer — ou d'équivalentes.*

« *Je parle des milieux de gauche. Et, dans ces milieux, des quelques-uns en qui veille, pur et dévorant, l'idéal démocratique.*

« *Là, chaque jour, grandit le jacobinisme. Là, chaque jour, le Parlement, naguère révéré, est mis en question — et tend peu à peu à occuper, dans les soupçons, la place tenue par la Cour aux environs de 1739 — la Cour, empêcheuse de réformes.* »

Le 21 décembre, M. Jacques Kayser s'efforce de stimuler chez ses amis le goût des méthodes énergiques :

« *... Ce serait une lourde faute que d'attendre pour tenter de passer à l'action ou pour regretter de ne pas y être passé, que de nouvelles difficultés financières soient en vue.* »

M. Gaston Martin dans un article du 3 janvier réclame « la mainmise au collet des factieux :

« *Autour de Robespierre, les Jacobins qui comptent n'étaient pas plus de vingt-cinq sur neuf cents députés à la Convention. Il suffit aux Chambres françaises d'autant d'hommes et d'un chef pour conjurer une crise...* »

Le 25, Gabriel Cudenet répète une fois de plus :

« ... *C'est précisément l'esprit* de la Révolution française *qui est en cause, et c'est la contre-révolution qui se refait, avec le fascisme, l'état civil que l'orléanisme et le boulangisme lui fabriquèrent un instant.*

« *Contre le néo-césarisme, qui traîne toutes les ambitions et tous les malheurs de l'autre :* front unique. *Nous transformerons la cité, un jour !... Oui !.., Mais quand nous serons entre gens capables de comprendre et de traduire toute la grandeur jacobine du mot* citoyen. »

Le 29, c'est au tour de M. André Sanger, de prophétiser avec le même vocabulaire :

« *Le gouvernement de demain ne peut être que de gauche, et il le sera.*

« *Il le sera, car pour apporter les solutions immédiatement réalisables dans le maximum de justice, il n'est qu'une possibilité : s'inspirer de la saine tradition « jacobine.*

« *L'heure n'est ni à la faiblesse ni aux hésitations.*

« *Celle de l'action est venue.*

« ... *La horde de factieux qui emplissent la rue de leurs clameurs, royalistes, bonapartistes et jeunesses patriotardes, n'empêchera pas que demain un gouvernement de gauche aura la direction des affaires publiques pour, avec jeunesse, énergie et hardiesse, faire, à ce poste de combat, tout son devoir.* »

On le voit : l'esprit dans lequel il faudra instituer la dictature de gauche, accepter « l'action », le « poste de combat » est nettement révélé dans ces citations.

Mais comment ne serait-on pas frappé aussi de constater que ces réformateurs n'échappent pas à une emprise livresque qui apparaîtrait même assez puérile, si l'on ne savait à quels jeux sanglants elle peut mener et comment finissent les ambitions de ceux qui voulurent plagier Saint-Just ou Robespierre.

Tout, en effet, nous les montre imprégnés d'un invincible besoin de copier qui révèle tout de suite leur insuffisance. Ils ont lu, beaucoup lu. En même temps, à force de dénoncer les fascismes, ils demeurent hantés par les ambitions parvenues qu'ils envient autant qu'ils les condamnent. Singer Mussolini ou Hitler, copier leurs procédés ; se couvrir, pour donner le change, du patronage de la Convention qui, lui, ne saurait choquer les « républicains », — telle est l'idée qui les domine. Ainsi apparaissent-ils dépourvus de toute imagination, ces intellectuels qui souhaitent faire la révolution selon les recettes qu'ils ont apprises dans les livres. Daladier, ce professeur, Cot et Frot, ces avocats, La Chambre, cet aristocrate de gauche, des créateurs ? Non pas : des plagiaires ! Des novateurs ? pas le moins du monde : des acteurs, de mauvais acteurs qui ont appris leurs rôles mot à mot et, l'heure venue, ne sauront même pas les réciter...

Pour le moment, dans leur équipe, le grand homme avoué, c'est Daladier, puisqu'il est convenu qu'il représente l'énergie, que jusque dans les milieux modérés cette énergie est un dogme et que ce butor passe pour un intransigeant...

Puisque avec lui on ne risque pas d'éveiller les soupçons, va pour Daladier !

Mais qu'on ne s'y trompe pas : ce n'est qu'une concession temporaire à l'opinion du jour. En réalité, il n'est pour les meneurs encore invisibles du jeu que le paravent tout provisoire derrière lequel ils croient opportun et habile, pendant un temps encore, de dissimuler et de protéger leurs convoitises impatientes.

Dans le même temps, ils affichent leur sympathie pour Marquet, dont l'impertinence audacieuse et l'autorité tranchante correspondent à leur état d'esprit ; lui aussi, qui a tenu tête à Blum, est un démolisseur d'idoles et ce clan d'iconoclastes lui en sait gré.

D'autant qu'il critique âprement l'impuissance des gouvernements qu'il soutient et s'offre volontiers pour participer à la construction de l'ordre nouveau ; il laisse entendre à tout venant que la maladresse, la timidité, l'enchaînement aux routines de ces hommes à qui les événements n'ont rien appris lui paraissent une tare irrémédiable.

« Des hommes nouveaux », — voilà la formule qui vole de bouche en bouche.

Des hommes nouveaux pour appliquer des méthodes nouvelles !

Dès ce moment, une campagne antiparlementariste se dessine partout et jusque dans les coulisses même du Parlement ; mais ceux qui la mènent le plus sévèrement ce sont précisément ces hommes de gauche qui la dénonceront précisément demain. Assez clairvoyants pour sentir le gouffre vers lequel on mène la France, ils sont assez prudents pour se désolidariser peu à peu d'avec ceux de leurs co-équipiers électoraux qui les alourdiraient demain.

Ils y mettent une condescendance insolente : ils auraient bien voulu rester avec leurs amis ; mais puisque ceux-ci ne veulent rien voir, rien comprendre...

Que faire dans cette maison, avec ces bavards intarissables, ces procédés vieillots, cette littérature d'oisifs, alors qu'on aurait besoin surtout de fermeté, de décision, d'autorité ?

C'est là, dans ces groupes, que naîtra peu à peu la nouvelle formule de Marquet, celle du fanion néo-socialiste : Ordre, Autorité, Nation.

Ainsi sont-ils en train de résumer en trois mots le programme de leurs adversaires et de se l'approprier.

Il est vrai qu'ils déclarent avoir modifié le sens des mots dont ils se servent : il s'agit de « leur » ordre, de « leur » autorité.

Quant à la nation, elle figure sans doute la pénitence de ces internationalistes, le Canossa de ces pèlerins d'Amsterdam, de Stockholm ou de Genève.

Tout cela n'est d'ailleurs qu'ébauches, projets, nuages.

Au reste, si la machine continue de grincer, si les cahots et les heurts sont fréquents, du moins Daladier tient. Il tient par leur Volonté, à eux répètent qui ont besoin de lui et qui répètent que c'est vraiment un homme d'État — leur homme d'État.

Lui, de son côté, a bien vu combien il était avantageux de s'appuyer sur les Jeunes. Et c'est en même temps une si belle revanche sur Herriot ! La peur de revoir ce dernier à la tête du Gouvernement est si grande que c'est surtout contre lui que l'on exalte Daladier.

Ce silencieux — qui ne l'est d'ailleurs que faute d'avoir quelque chose à dire — repose après ce harangueur incontinent ; ce brutal délasse de ce sentimental éperdu.

Seulement, on marche avec lui de déception en déception. Avec lui comme avec les autres, le budget se traîne sans aboutir ; les débats de politique étrangère révèlent une incohérence à laquelle Paul-Boncour ajoute encore le spectacle de sa verbeuse et solennelle incapacité.

La sécurité du franc, celle des frontières sont également menacées.

Rien pour parer à la crise économique : les problèmes sont réglés au petit bonheur, au hasard de décrets contradictoires qui relèvent de la plus ahurissante improvisation et dont les répercussions sont parfois incalculables.

Rien pour parer au chômage et aux malaises sociaux.

Bah ! On a une majorité et cela suffit pour passer les vacances...

Mais la succession est déjà guettée ; le fruit mûrit. Des mains avides commencent de se tendre dans l'ombre.

Un soir d'automne, Daladier tombe, pitoyablement, après avoir accepté toutes les capitulations pour obtenir des faveurs que Léon Blum lui refuse dédaigneusement.

La jeune équipe alors frémit : son heure est-elle venue ?

Certes, elle n'est pas restée inactive.

Déjà, le 20 juillet, au lendemain du départ en vacances des Chambres, on a tenu rue Grange-Batelière, un premier Conseil de guerre. Il y avait là des néos, Déat, Marquet...

Il y avait aussi un ministre en exercice, — un seul.

Et nous le retrouverons plus tard, celui qui, si posément, si silencieusement, pose ses jalons.

Il s'appelle Eugène Frot...

Mais depuis cette réunion, les choses ont marché. Le parti socialiste de France a franchi la période des premiers balbutiements. Il a son journal, il a ses sections, il devient une pépinière d'hommes nouveaux. Marquet, maire de Bordeaux depuis huit ans, a donné la mesure de ce qu'il ferait le jour où s'offrirait à lui un champ d'expériences plus vaste qu'une grande ville de province. Déat a publié des ouvrages Où le professeur de philosophie ajoute son analyse pénétrante aux hardiesses du leader révolutionnaire. Montagnon a travaillé le corporatisme mussolinien et se l'est annexé.

Sans doute, autour d'eux discerne-t-on beaucoup d'«utilités», clientèle obscure et vouée à une éternelle médiocrité. Mettons à part Maxence Roldes qui a du talent, et Renaudel qui jouit d'un prestige incontestable chez les militants, mais qui, tous deux, se sentent mal à l'aise dans le nouveau parti. Trop attachés à des méthodes et à des traditions que renie le néo-socialisme, ils s'inquiètent des audaces du triumvirat qui prétend les diriger. Du moins ce triumvirat a-t-il travaillé sur bien des terrains. L'heure approche où l'on ne pourra faire autrement que d'en appeler un membre dans les conseils du gouvernement ; peut-être bientôt y seront-ils tous les trois.

Aussi, quand Daladier tombe, un frémissement parcourt ces rangs où bouillonnent et fermentent tant d'espérances. En liaison avec leur ami trot, en coquetterie avec certains éléments du centre, ayant su se ménager des sympathies jusque dans la droite où leur hostilité contre Blum leur a fait des amis, ils peuvent croire que l'heure qu'ils attendent est venue et que le Président de la République va faire appel à eux.

Il appelle Albert Sarraut !

Et c'est alors un cri de colère indigné : « Encore un vieux ! »

Sarraut ne fera que passer d'ailleurs, ridiculisé par un inénarrable discours qui consterne ses meilleurs amis.

Et comme on tourne en rond depuis mai 1932, on continue ; on dirait qu'un maléfice invincible entraîne la France dans un cercle infernal d'où rien ne peut plus la sortir.

Le sort tombe cette fois sur Camille Chautemps.

Chautemps l'habile, Chautemps le courtois, Chautemps le feutré.

Plus jeune, lui...

Et puis, une force, non seulement par lui-même mais par tout ce qu'il incarne : la dynastie par excellence du radicalisme et de la franc-maçonnerie.

Herriot était encombrant, Daladier était butor ; Chautemps est l'homme de toutes les conciliations.

Avec son visage légèrement crispé et inquiet, son regard fuyant, sa voix insinuante à la fois et incisive, son étonnante flexibilité d'esprit, ce sourire furtif et contraint qui passe comme une ombre sur son masque blafard, il symbolise à merveille l'action tenace, obstinée et souple de la secte dont il est le prototype.

Certes, il distingue les écueils où se sont brisés ses prédécesseurs, mais il a l'art de les contourner ; il ne heurte pas de front ; il sait ruser et possède à fond la science subtile du détour. Il désarme plutôt qu'il ne vainc ; il lasse plutôt qu'il ne persuade.

Cependant, malgré ses collaborateurs, choisis parmi les jeunes impatients, il sent qu'il est épié par eux-mêmes et que son tour viendra.

Car Boncour après Herriot, Daladier après Boncour, Sarraut après Daladier, Chautemps après Sarraut, cette équipe éternelle faisant tourner le même manège, cela n'arrange rien, ne résout rien.

Et voici que la rumeur qui, depuis quelque temps, chemine souterrainement, élargit ses galeries et hâte sa marche.

Dans les conversations, dans les couloirs, dans les salons, dans la rue, la déception s'affiche, s'étale.

Le mécontentement grandit.

Les organisations économiques, les ligues de contribuables, les groupements d'intérêts, multiplient les manifestes, les cris d'alarme, les menaces.

Cela ne peut plus durer !

Hélas ! Depuis tant de mois qu'on répète ce mot, va-t-il demeurer une vaine formule de consolation, une pauvre soupape d'échappement aux malaises, au mécontentement, à la crise ?

Pourtant, ce n'est pas seulement chez les gens de « droite » qu'on se plaint.

C'est partout, même à gauche, — surtout à gauche.

On s'aborde avec des airs consternés : pas de budget ! la faillite à nos portes ! les fonctionnaires en révolte contre un État sans autorité, la guerre peut-être prochaine, l'encerclement des fascismes étrangers...

Et nous, avec ce parlementarisme bavard, ces routiniers enlisés dans leurs méthodes désuètes, ces assemblées impuissantes et découragées...

Il faudrait changer tout cela, résolument. Un gouvernement qui gouverne, une autorité, un homme.

Ah ! oui, vraiment, un homme !... Mais qui ?...

Frot Eugène
Ministre de l'Intérieur du 30 janvier au 7 février 1934

Né le 2 octobre 1893 à Montargis dans le Loiret et décédé le 10 avril 1983 à Château-Landon en Seine-et-Marne.

A ce poste ministérielle, il à gérer les violences de la manifestation du 6 février 1934. La droite et l'extrême droite l'accusent après coup d'avoir été un « ministre de l'Intérieur aux mains sanglantes. »

Agence Meurisse

CHAPITRE II

L'HOMME

Parvenue à ce point, la conversation prenait un tour confidentiel.

Des visages se détendaient et souriaient, un peu mystérieusement.

« *Voyons, voyons... nous sommes bien d'accord, n'est-ce pas ? ce qu'il nous faut, c'est un homme qui vienne de gauche... tous les dictateurs viennent de gauche... voyez Mussolini... un homme qui vienne de gauche, mais qui ait su abandonner parmi les idées de gauche, tout ce qui l'enchaînerait à l'excès ; qui ait fait preuve d'un libéralisme sympathique, — bref, qui ait su renier à temps ce qu'il y aurait de trop compromettant dans ses attaches antérieures...* »

Et de chercher...

Herriot ? on pouffait... Daladier ? vraiment bien usé par tant d'expériences diverses. Chautemps ? trop visiblement et trop exclusivement inféodé aux Loges.

Alors, en effet, qui ?...

« Eh bien ! mais vraiment, il y a quelqu'un qui réunit toutes les qualités cherchées : jeune, allant, sympathique. Il a été socialiste — mais il ne l'est plus. Il est franc-maçon, mais uniquement parce que, lorsqu'il a débuté, c'était un rite auquel devait se soumettre quiconque devait arriver. Malgré sa jeunesse il a de l'expérience : il a été plusieurs fois ministre et il a occupé des postes divers où il s'est révélé actif, hardi, courageux. On dit sa probité inattaquable... Vous ne devinez pas ?... Frot... »

Ce sec monosyllabe, à vrai dire, décevait un peu.

Un homme, — l'homme attendu, cherché, espéré, — c'est un homme auquel on a déjà pensé, un nom sur lequel on s'est arrêté, en se disant : « Qui sait ? »

Mais vraiment, celui-là, si le monde parlementaire le connaissait, peu de gens ailleurs, en avaient entendu parler.

Mais quels thuriféraires il avait ! Quels zélés sergents recruteurs ! L'infiltration de ce nom était supérieurement organisée. Discrète à la fois et impérieuse ; insinuante, mais tenace.

A la Chambre, souverainement habile et manœuvrier, il appuyait cette campagne.

Avec son bon-garçonnisme volontiers débraillé, son talent facile, ses airs de joli garçon sans morgue, sa familiarité désinvolte qui supprimait les distances, son laisser-aller amène et serviable, il était vraiment le type rêvé du camarade.

Rouerie sans doute d'ambitieux perspicace qui ne se dévoile pas et qui ne veut pas éveiller les soupçons, habitude peut-être conservée des milieux autrefois fréquentés, résultat aussi du brassage parlementaire, beaucoup lui savaient gré de n'avoir pas l'insolence mordante de Marquet, la suffisance de Cot, l'énigmatique sécheresse de Bergery.

Ainsi grandissait sa popularité, sans qu'il eût l'air d'y prêter la main. Cependant, ministre du Travail, renvoyé à la Marine Marchande sans avoir été consulté, il avait marqué publiquement qu'il n'admettait pas qu'on le traitât avec cette désinvolture : il avait exigé à brève échéance qu'on le rétablît à un poste où il avait conquis une réputation d'activité et de décision ; il avait obtenu satisfaction.

On sentait de la sorte peu à peu que son importance s'accroissait, qu'il pesait d'un poids plus lourd dans les conseils du gouvernement.

Des journalistes, connus pour leur peu de sympathie envers les hommes de gauche paraissaient vraiment conquis par ce personnage tout neuf en qui ils découvraient tant de « dynamisme » latent. Des organismes économiques qui multipliaient les manifestes pour dénoncer la malfaisante impuissance de la politique et des hommes au pouvoir, faisaient une exception tout à coup pour celui-là.

Des articles élogieux fleurissaient la presse, du *Matin* à *Gringoire*...

On était environné de sirènes qui cherchaient à vous enrôler sous la bannière du nouveau chef ; et si l'on résistait un peu au prestige si généreusement vanté, on faisait preuve, paraît-il, d'une étroitesse de conceptions impardonnable en des circonstances aussi graves, à moins que ce ne fût d'une jalousie déplacée et de mauvais goût.

Les managers n'omettaient pas de rassurer au passage ceux qu'auraient alarmés des visées trop personnelles. Qu'aurait-on pu craindre ? L'homme n'était pas du tout disposé à recourir à la dictature.

Non, il cristalliserait seulement autour de lui une équipe, celle que toute la France attendait. Une équipe hardie et novatrice, bien entendu et qui, par conséquent, effraierait peut-être un peu les bourgeois, mais qui, du moins, aurait l'avantage de rompre avec les routines dont nous mourons.

Les théoriciens de cette équipe seraient, nous l'avons dit, Déat et Montagnon, esprits originaux et neufs.

Les exécutants et les réalisateurs s'appelleraient Marquet, — dont le nom revenait constamment jumelé avec celui de Frot ; Pierre Cot, dont on savait quel vent de rajeunissement il avait fait souffler dans les ailes de l'aviation française ; Jean Mistler, qui s'était révélé aussi apte à mener les Beaux-Arts — il avait doté la France d'une Marianne nouvelle et c'était tout un symbole ! — qu'à discipliner la T. S. F., et qui joignait aux dons de l'écrivain les dispositions de l'homme d'État.

On laissait entendre que Frot pouvait à bon droit se targuer de sympathies vives jusque parmi les chefs les plus éminents de l'armée...

On indiquait qu'il était en relations avec des hommes de tous les partis, qu'il avait partout des amitiés précieuses et des appuis ; on citait même avec complaisance, les hommes du centre et de la droite auxquels il avait songé. Songé pour quoi ? Pour des conversations ? Pour des collaborations gouvernementales ? On ne savait pas au juste. Mais vraisemblablement avec l'espoir que les intéressés seraient flattés qu'on eût besoin de leurs talents et de leur personnalité.

Cet homme paraissait avoir subjugué ainsi toutes les résistances, conquis toutes les sympathies ; on incarnait en lui cet espoir d'un changement radical dont on avait soif ; on se disait en même temps qu'étant donné ses origines politiques il avait pour lui toutes les chances de réussite.

M. Le Provost de Launay, dans sa déposition du 17 mars devant la commission d'enquête aura cette phrase qui correspond très exactement à l'idée alors habilement semée partout et qu'on voyait envahir les milieux les plus divers :

« Je me demandais si ce n'était pas l'homme de demain : Bonaparte et Mussolini ont commencé eux aussi par être des hommes de gauche. »

Oui, en vérité, ceux qui ne savaient pas encore comment se fabrique un grand homme pour coup d'État, ont été les témoins de l'opération pendant les derniers mois de l'année 1933.

Si bien que ceux-là se prenaient la tête entre les mains et se disaient :

« Suis-je à ce point aveugle que ne m'apparaisse pas le génie d'Eugène Frot qui éblouit tant de gens et auquel, paraît-il, est lié le sort de la France ? »

En tout cas, la consigne était passée dès cette époque : il faut un gouvernement autoritaire qui impose les réformes nécessaires. Et à la question éternelle : « Qui ? », c'était cette fois la quasi unanimité des salons, des salles de rédaction, des cercles intellectuels et des groupements économiques, qui répétaient comme un murmure qui d'abord *piano*, allait maintenant *crescendo* : « FROT... FROT... FROT... »

A coup sûr, on eût à bon droit pu sourire de ce qu'il y avait de puéril dans ce rassemblement hétéroclite d'hommes hier encore en lutte les uns contre les autres, et en conclure que tout cela était rassurant à force d'être peu sérieux. Pourquoi avait-on l'impression, à voir sourdre de partout ce nom obsédant, d'une opération trouble, où les enfantillages même n'avaient pour but que de dérouter et de donner le change ?

De fait, au fur et à mesure que les événements vont marcher le caractère puéril s'atténuera en même temps que le côté trouble se précisera. Le vaudeville et l'opérette se mueront en tragédie...

Les trahisons de dernière heure de Frot, les conseils dont il s'entourera, éclaireront d'un jour inquiétant son action et, aux yeux de beaucoup l'expliqueront. Chez ce ministre qui fut communiste, puis socialiste, et qui croit sans doute sincèrement s'être émancipé des doctrines qu'il professa, le goût de la violence est demeuré. Il l'appellera autorité, soit. Mais une autorité qui joue avec le péril et le défi, en chassant un préfet de police en période troublée ; une autorité qui sollicite la collaboration d'un officier politicien promu au rang de stratège de guerre civile ; une autorité qui le lendemain du massacre de dix-sept morts, ni les jours suivants d'ailleurs, n'exprimera aucun regret, — cette autorité-là n'est plus que de la violence et de la violence criminelle.

Je sais. Lui aussi dira quelque jour qu'il n'a pas voulu cela.

Ils n'ont jamais voulu cela...

Mais on leur a dit qu'ils étaient Robespierre, Saint-Just, Bonaparte et Mussolini.

Ils ont modestement nié, mais au fond d'eux-mêmes, ils se sont dit : « Qui sait ? »

Et pour celui-là, ce sont les morts du 6 février qui ont payé l'expérience...

CHAPITRE III

LA BOMBE PRÉMATURÉE

Décembre s'achevait.

La Chambre, en d'interminables et stériles séances, essayait, une fois de plus, de mettre sur pied une loi de finances et pâlissait, des nuits durant, sur le problème de l'essence ou la répression de la fraude fiscale.

Le spectacle qu'elle donnait de sa persévérante impuissance alimentait constamment d'arguments supplémentaires les adversaires du parlementarisme. Les affaires, déjà si anémiées, se traînaient de jour en jour plus misérablement. D'inquiétants bruits de guerre montaient périodiquement des frontières. Une Allemagne arrogante, une Italie dédaigneuse, une Petite Entente méfiante et réservée, une Grande-Bretagne énigmatique n'offraient que des perspectives démoralisantes à ceux que préoccupaient les lendemains internationaux. Enlisée dans l'ornière où l'avait jetée le *briandisme*, continué et aggravé par le *paulboncourisme*, la France semblait sans forces pour se redresser, sans courage pour se relever, sans volonté pour secouer le joug des mauvais bergers.

Le chômage jetait dans les rues les ouvriers par milliers : les krachs et les faillites ruinaient les épargnants, anéantissaient les entreprises, déshonoraient les familles.

Les impôts écrasaient les contribuables dont les ligues recrutaient maintenant à un rythme accéléré de nouveaux adhérents. Les caisses d'épargne accusaient des retraits de fonds bien supérieurs aux dépôts. L'or coulait par mille fissures de la Banque de France vers l'étranger. Les bilans hebdomadaires devenaient catastrophiques. On envisageait avec une sorte de morne résignation la hideuse échéance de l'inflation, considérée dorénavant comme à peu près inévitable. L'État sans ressources puisait, grâce à des artifices péniblement légalisés, dans les caisses de dépôt et d'assurances sociales...

Tondu, berné, pressuré, le peuple de France se disait : « A quoi bon ? » Il semblait paralysé et comme anesthésié par tant de décourageantes calamités ; certain que ses maîtres l'exploitaient et le dupaient, il les méprisait sans avoir la force de les renverser. La machine tournait par habitude ; les grincements, les heurts étaient de plus en plus fréquents. On guettait l'heure où tout à coup, rouages coincés, engrenages rompus, elle s'arrêterait net.

On écoutait, dans les meetings et les réunions publiques, les orateurs qui suppliaient le peuple de se réveiller avant qu'il fût trop tard. Si le spectre de la faillite et celui de la guerre étaient impuissants à secouer sa torpeur, fallait-il eu conclure qu'il était mûr pour l'esclavage ou pour la mort ? On s'abordait avec mélancolie et certains se demandaient si l'heure de la décadence n'allait pas sonner pour un pays qui avait fait son temps.

En tout cas, si les auditoires étaient attentifs, mais trop souvent sans flamme et sans foi, il existait pourtant un moyen de les réveiller et de les échauffer au moins passagèrement : le Parlement était l'objet de tant de mépris et de tant de haines qu'en stigmatisant ses tares on soulevait sans peine des rafales d'applaudissements. Ah ! se débarrasser de ce moulin à moudre les discours ! Renouveler ce personnel, remettre l'ordre dans les affaires ! Arrêter le gaspillage, cette hémorragie par où s'écoulaient à une allure vertigineuse toute la fortune et tout le patrimoine de la France !... Seulement était-ce encore Possible ?...

Tel était l'état d'esprit de l'opinion quand elle reçut la nouvelle, d'abord brièvement annoncée, d'un krach financier dans la région de

Bayonne. On n'y prêta d'abord qu'une attention distraite : Tant d'autres krachs avaient précédé celui-là qu'on s'était peu à peu cuirassé contre l'émotion qu'ils pouvaient susciter.

Cependant les chiffres murmurés étaient considérables : plusieurs centaines de millions, disait-on. L'opération était, non pas une catastrophe due à la mauvaise marche des affaires, mais bel et Lien une escroquerie savamment et minutieusement organisée, et à laquelle auraient collaboré un certain nombre de personnages politiques.

La curiosité s'éveilla, s'accrut. Et sur l'écran de l'actualité, un nom parut qui allait rapidement grandir jusqu'à l'envahir tout entier, un nom qui allait connaître la plus soudaine, la plus étrange, la plus tragique popularité : Stavisky.

Dans leurs circonscriptions où ils passaient les vacances du jour de l'an, les députés recueillirent les échos de l'émotion populaire et ce fut de tous les points de France que partirent à destination de la Présidence de la Chambre les demandes d'interpellations.

L'affaire était, dès ses débuts, passionnante comme un roman policier. Elle allait d'ailleurs dépasser par l'inattendu de ses péripéties, la multiplicité de ses personnages, la diversité de ses épisodes, le roman policier le plus adroitement agencé.

Comme pour appâter encore la curiosité, on apprenait que des noms de parlementaires, voire de ministres, allaient être mêlés de très près à l'histoire. Le premier fut celui de Joseph Garat, député-maire de Bayonne, qui, après avoir donné à la presse une interview où il disait son étonnement devant le développement d'une affaire où tout lui avait toujours paru « normal », devait quitter la mairie de sa ville pour s'installer à la prison.

Suivant la règle générale et restant dans la tradition, le principal coupable, le héros de l'aventure, avait disparu. Le retrouverait-on jamais ?

On le retrouva un jour au début de janvier, dans une villa savoyarde isolée qui portait un nom romantique à souhait : « Le Vieux Logis » ; on le retrouva — mais mort.

Opportunément mort.

Et beaucoup, en lisant dans leur journal le télégramme d'une ligne qui annonçait ce fait divers, respirèrent mieux.

Peut-être même plusieurs crurent-ils qu'en enterrant ce cadavre on allait enterrer avec lui tous ses secrets et toute l'affaire.

Mais trop de détails allaient tenir en haleine l'intérêt du public : cette villa dans les neiges, cet homme traqué, ce couple mystérieux qui l'accompagnait, ces policiers qui sautent par les fenêtres, enfoncent les portes et ne trouvent qu'un cadavre ; cette veuve si jolie, — trop jolie ! — qui fut naguère prix d'élégance et sur laquelle on attendrit les lecteurs au cœur sensible, cette aventure combinée comme un film, ne pourrait-on fixer exclusivement l'attention sur les aspects romanesques d'un pareil scénario ?

Ce serait le vœu de beaucoup.

Ce serait même peut-être celui du gouvernement.

Malheureusement, la chose tombe mal : les hommes politiques ont assez mauvaise presse en ce moment ; et, plus encore que des épisodes romantiques, la foule a soif des épisodes politiques.

Les noms..., les noms..., les noms...

On en murmure quelques-uns : tous appartiennent au parti radical-socialiste. Camille Chautemps fera bien de veiller au grain. Il fera d'autant mieux qu'après le nom de Joseph Garat émerge celui de Gaston Bonnaure. Cet inconnu était donc député ? C'est un fait, il était député de Paris, député du troisième arrondissement que représenta autrefois Émile Chautemps, et où Camille Chautemps l'introduisit et le patronna. Voici donc qu'à peine à ses débuts, le scandale éclabousse par ricochet le Président du Conseil dans la personne d'un de ses protégés. On ne peut même pas dire que Camille Chautemps a simplement prêté à Gaston Bonnaure l'aide courante d'un chef politique à un candidat de son parti. Non : il l'a fait élire avec son appui personnel ; il l'a accompagné dans ses réunions publiques ; il a fêté en plusieurs banquets son heureuse élection en compagnie d'amis de choix : René Renoult, Paul Marchandeau, Aimé Berthod, Philippe Marcombes...

Oui, en vérité, l'opération débute mal. Il faudra louvoyer. Mais cela c'est le grand art de Camille Chautemps.

Dès avant la rentrée, un troisième nom est prononcé avec trop d'insistance : cette fois, c'est celui d'un membre du cabinet. Qu'importe ? Albert Dalimier comprendra qu'il est des heures où il ne faut pas inutilement compliquer la tâche de ses amis ; il démissionnera ; et du reste, entre son Président du Conseil et lui, s'échangeront les congratulations mutuelles que s'adressent en pareille circonstance celui qui part et celui qui reste.

Le 11 et le 12, Camille Chautemps subit les assauts de quinze interpellateurs. Certains, il est vrai, ont beau y mettre une sorte d'âpre violence, on sent que les fleurets sont soigneusement mouchetés et que ceux qui les manient sont soucieux de ne pas blesser.

René Dommange, par contre, d'une épée précise et directe, frappe au point vif : c'est le 11, au cours de son intervention, qu'est évoqué pour la première fois — et quels développements aura plus tard le débat ainsi amorcé ! — le cas du procureur Pressard, beau-frère de Camille Chautemps.

Liens terribles : Stavisky, — Bonnaure, — Chautemps, — Pressard...

L'escroc, ami intime du député que protège le Président du Conseil, lequel tient par son beau-frère la magistrature et le Parquet... Inquiétants aperçus ouverts sur la profondeur et les replis de ce roman.

Le second coup redoutable, c'est Jean Ybarnegaray qui le portera. Trop de points d'interrogation sont déjà posés, dit-il ; trop de mystère enveloppe les faits connus et ceux que l'on soupçonne ; trop d'hypothèses apparaissent vraisemblables. La commission d'enquête s'impose.

C'est le seul moment où Camille Chautemps perdra un peu de sa prodigieuse maîtrise. Il s'est exprimé jusqu'ici avec une sorte de mesure tranquille et une mélancolie hautaine qui lui ont permis de se poser en victime. Il a, avec une adresse infernale, évité les pièges semés sous ses pas. Il a promis que nulle considération de famille ne l'empêcherait de faire tout son devoir. Et ce langage, digne d'un Romain de Corneille, lui a valu les délirants applaudissements de sa majorité.

Mais quand Ybarnegaray réclame la commission d'enquête, Chautemps apporte tout à coup à l'interrompre et à lui répliquer une passion et une vivacité qui surprennent. Il ne veut pas de commission d'enquête : il ne l'acceptera pas. Entêtement étrange !

« Laissons, déclare le Président du Conseil, la justice faire son devoir. »

Mais précisément, elle ne l'a pas fait jusqu'ici. Si elle ne l'a pas fait, ne serait-ce pas que le Gouvernement l'en a empêchée ou dispensée ? La justice, c'est Pressard. Le Gouvernement, c'est Camille Chautemps. Affaire de famille alors ?...

L'homme, s'est laissé surprendre. Pas pour longtemps.

Retrouvant sa courtoisie glacée et distante, sa domination de lui-même, il rompt le combat. Un appel à sa majorité disciplinée. L'évocation classique des périls que court la démocratie, de l'union plus que jamais nécessaire des républicains. Et comme dans les rangs de cette majorité beaucoup d'hommes ont intérêt à ce que ces débats soient définitivement clos, le vote est enlevé triomphalement et le rideau tombe sur ce que beaucoup crurent être le drame et qui n'était en réalité que le premier acte.

Dans l'ombre où il se tient, Frot observe tout cela. Il évite avec soin de trop frayer avec ses collègues du cabinet. Pendant ces interpellations et celles qui suivront, il n'est pas à son banc. Ce travailleur a autre chose à faire que d'assister au déballage pénible de ces compromissions. Il s'occupe d'affaires sérieuses et il aime autant éviter le contact avec ces hommes mêlés au scandale.

Belle occasion d'intensifier sa propagande. Et il l'intensifie !...

Discrètement, presque confidentiellement. Dans l'intimité, il s'abandonne volontiers, avoue son écœurement. Comme il est navré de tout ce qui se passe ! Mais comme ces événements lui donnent raison, à lui qui ne cesse de déclarer qu'il faut changer tout cela ! Comme il devient urgent de faire passer dans les mœurs parlementaires un courant d'intégrité et même d'austérité qui balaiera ces miasmes !...

Il faut vraiment réaliser tout de suite quelque chose. En dehors du cadre des partis. La France en a assez des querelles stériles entre les partis... Des hommes de valeur, des hommes de talent, des hommes de sa trempe, voilà ce qu'il faut. Il dit d'ailleurs, plus prosaïquement, plus trivialement : « Des types dans mon genre... » « Un type dans son genre », c'est, paraît-il, pour lui, le colonel de La Rocque qui est à la tête des Croix de Feu. Aussi essaie-t-il d'amadouer La Rocque qu'on dit peu abordable. Il multiplie les tentatives pour le joindre et lui exposer tout ce qu'une collaboration entre deux hommes semblables permettrait d'apporter à la France. Mussolini a eu Balbo. Hitler a eu Goering. Frot accepterait

La Rocque.

Il accepterait d'ailleurs beaucoup d'autres concours. Il a justement confronté ces points de vue sur le problème économique avec le secrétaire d'un important groupement qu'il a vraiment conquis par l'originalité de ses aperçus et la hardiesse de ses conceptions.

Il déjeune avec des journalistes de droite. Il aimerait à entrer en relations avec les camelots du roi. Car il est sans préjugés. Il apprécie les gens qui ont du cran, les gens qui osent. Il sème des émissaires sur toutes les routes, avec mandat de ramener vers lui tous les « types dans son genre ». Sans doute se réserve-t-il de faire ensuite un tri. Et peut-être songe-t-il également que le meilleur moyen de les neutraliser, c'est de paraître les attacher à sa fortune. Ainsi, le jour venu, pourra-t-il se débarrasser, sans avoir éveillé leur méfiance, de ceux qui lui paraîtraient gênants.

Seulement, ce jour viendra-t-il ?

Lui n'en doute pas. Il a même l'impression qu'il viendra vite.

Car les remous de l'affaire Stavisky gagnent la France entière. Deux séances mémorables, celles du 18 et du 23 janvier, ont provoqué une émotion qui s'est propagée comme un fluide à travers tout le pays. L'indignation, la colère, le mépris montent et déferlent. Péril grave ! Si l'on n'y prend garde, ce sont les forces de « droite » qui vont bénéficier pour leur propagande d'une « escroquerie banale », déclare M. Chautemps, — d'un « événement regrettable », répètent à l'envi ses ministres, choqués du bruit qu'on entretient ainsi autour d'un « fait divers ».

Si donc, on veut éviter que s'instaure rapidement un fascisme de droite, il faut à toute force devancer les efforts de ces groupes, enchaîner à son char leurs meneurs et précipiter son propre avènement.

Comme il serait utile, en pareil cas, de disposer des leviers d'un ministère important ! Mais Frot n'occupe qu'un poste qui, du point de vue politique, est assurément secondaire. Chiappe dira plus tard devant la commission d'enquête que l'activité déployée par Frot lui avait parue anormale chez un ministre du travail. Mais c'est que Frot a bien l'intention de ne pas demeurer longtemps dans cette condition subalterne. Il n'a nulle illusion sur la durée du gouvernement dont il fait partie. Il ne serait même pas fâché de contribuer à sa chute. Alors, il lui faudra l'Intérieur, — peut-être la Présidence du Conseil.

Pourtant il se méfie encore. Il lui faudrait le patronage d'un vétéran des grands postes politiques. Justement Daladier n'est pas compromis dans l'affaire Stavisky. Bonne occasion de se rapprocher de lui et de s'éloigner des Chautemps, des Bonnet, des Raynaldy... S'accrocher à la chance de Daladier, arriver avec lui, très vite ; puis l'abandonner, prendre sa place...

Cela pourrait être l'affaire de quelques semaines... Pas même, car le 27, le cabinet Chautemps, miné dans ses profondeurs, s'effondre... Diable ! les événements vont vite. Tandis que Frot creusait sa sape, la contre-mine a explosé et quelque peu bouleversé sa propre galerie.

Bah ! il n'y a pas de dégâts irréparables. Le tout est de tirer le meilleur parti de cette explosion prématurée et de se tenir prêt à placer lui-même sa bombe...

Mais il est grand temps... Et c'est pourquoi Frot, dont personne à la Chambre ne croit encore l'heure venue, hâte par tous les moyens le rassemblement de « son » équipe.

CHAUTEMPS Camille

Il devient président du Conseil de la Troisième République en 1930 et de novembre 1933 à janvier 1934, appelé par Albert Lebrun. Il démissionne de la présidence du Conseil après l'affaire Stavisky. Il est ministre d'État du Front populaire, puis succède à Léon Blum de juin 1937 à mars 1938 à la tête du gouvernement. Franc-maçon, 33e degré du Rite écossais ancien et accepté et membre de son Suprême conseil.

Agence Meurisse

CHAPITRE IV

PARADE

Le ministère Chautemps abattu, la France respira.

Elle espéra que cette fois, on allait, pour de bon, changer.

Changer de méthodes et changer d'hommes.

C'était mal connaître la puissance de ceux qu'avaient atteints l'échec et qui n'étaient point désarmés.

Et précisément parce que le coup avait été si humiliant pour leur orgueil, il fallait s'attendre à ce qu'un sursaut désespéré redressât ceux qui l'avaient reçu.

Comment d'ailleurs, depuis si longtemps habitués à la domination, eussent-ils accepté que tant d'efforts, multipliés par eux pour préparer leur avènement à une dictature incontestée fussent tout à coup anéantis ?

Peut-être aussi, l'événement dépassa-t-il , la compréhension de ceux dont le milieu et les habitudes parlementaires avaient faussé l'optique.

Ils crurent à une simple crise ministérielle.

C'était une crise nationale.

Obstiné dans son interprétation étroite de la Constitution, le président Lebrun, en quête de ces hommes nouveaux dont on parle sans cesse et qu'on ne trouve jamais, appelait Édouard Daladier.

Stupeur !

Eh quoi ! Une fois de plus les mêmes ! Et pour les mêmes besognes ! Et pour les mêmes complicités !

Attendez : Daladier, lui aussi, veut faire du neuf.

Qui sait ? on lui a tant répété autrefois qu'il avait de l'énergie et de l'autorité, qu'il pourrait être « l'homme ».

Tant de flagorneries lui ont été prodiguées qu'il a fini par s'en griser. Dans son propre parti, ceux qui sont las d'Herriot, ceux qui redoutent Chautemps, ont fait de lui leur chef. Le vrai chef, — celui qu'on peut faire marcher et auquel on dicte son attitude…

Il flaire avec son expérience un peu courte de politicien le péril de la situation. Il sait qu'il ne faut pas retomber dans les mêmes fautes qu'hier.

C'est pourquoi, il a, depuis une quinzaine de jours, en prévision des événements, entamé et noué des pourparlers avec deux hommes qui sont devenus les piliers essentiels de sa future combinaison : Eugène Frot et Adrien Marquet.

Ils se sont mis d'accord tous trois : ils formeront un cabinet de quinze membres choisis d'avance par eux, sans consultation des groupes. Ce sera un ministère de salut public et de salubrité nationale. Il ira de Marquet à Ybarnegaray. Il aura comme programme le nettoyage complet de l'abcès Stavisky, le redressement de la politique extérieure, l'assainissement financier.

Aussi, dès que Daladier est choisi par le Président de la République, Frot et Marquet attendent, chacun de son côté, le coup de téléphone qui les convoquera. Ils l'attendent en vain toute la journée. Car quelqu'un veille : Jean-Louis Malvy épie de près Daladier. Le soir, Marquet dira :

« *Si Daladier avait été fidèle à ses engagements, c'est avec Frot et moi qu'il aurait déjeuné, et non avec Malvy.* »

Il aurait pu ajouter : « *...et avec Guimier* ».

Malvy a si bien chambré son homme que Daladier qui n'a décidément d'énergie que dans l'indécision, propose les Affaires étrangères à Herriot et l'Intérieur à Chautemps. Le soir, à dix heures un quart, Marquet est enfin appelé.

Il arrive : les salons et les corridors du Ministère sont encombrés d'une cohue qui mange des sandwichs, fume et boit de la bière. Cot, La Chambre, Chappedelaine sont avec le Président. Malvy aussi est là. Invisible et présent : il a son quartier général dans le bureau de Clapier, le chef de cabinet de Daladier. Marquet entre, jette un regard méprisant sur cette assemblée de brasserie, et demande à Daladier :

« *Qu'est-ce que ces gens-là ?* »

Daladier est suffoqué. Eh quoi ! n'est-il pas naturel qu'il ait, lui aussi, ses consultations ? Marquet, sarcastique, lui répond en haussant lès épaules : « *Et nos conventions ?* » et fait mine de partir. On le retient. Daladier lui explique qu'il l'a fait venir pour lui offrir le ministère de la Défense nationale.

« *Merci*, répond Marquet, *j'ai fait la guerre dans les formations de l'arrière, ma place n'est pas là.* »

« *Tu es rapporteur du budget de l'Éducation nationale. En veux-tu le portefeuille ?* »

Marquet, gouailleur, riposte :

« *Je n'ai pas de diplôme et je ne tiens pas à être ridicule. J'aurais l'air de l'instituteur de la Grande-Duchesse de Gérolstein, à qui l'on demande : « Pourquoi êtes-vous instituteur ? et qui répond : Pour apprendre à lire.* »

Daladier s'impatiente. Marquet le regarde en face et lui dit :

« Puisque tu ne respectes pas tes engagements, je modifie mes exigences, je veux l'Intérieur.
– Je regrette : il est promis à Frot.
– Je suis d'accord avec Frot.
– Ce n'est pas possible !
– Téléphone-lui. »

Sur un coup de téléphone, Frot arrive à son tour. Les trois hommes s'enferment ensemble pendant deux heures. A l'issue de la réunion, la chose est arrangée : Daladier a choisi les Affaires étrangères, Marquet est à l'Intérieur, Frot à la Défense nationale, le sénateur Roy à la Justice.

On pourrait en finir tout de suite. Mais Malvy veille sur la santé du Président. Il réclame pour lui du repos et met doucement tout le monde dehors par persuasion.

Tout le monde, — sauf lui. Il ne s'en ira qu'à trois heures du matin et reviendra dès avant sept heures, sans doute pour être sûr que personne avant lui ne réveillera Daladier.

Marquet ne nourrit déjà plus aucune illusion : il sait et il dit que le ministère est mort-né, que Malvy empoisonne tout et annonce que dès le lendemain, lui, Marquet, s'en ira. Frot, fraternel, déclare : « Je te suivrai. »

Mais le soir, comme ils dînent ensemble avec des amis, l'attitude de Frot est si singulière et si équivoque qu'on a l'impression qu'il va trahir.

Il suit en effet sa route et quand dans quelques heures Marquet s'en ira, au lieu de le suivre, Frot prendra tout simplement sa place.

Ainsi, l'« homme », habilement, subrepticement, monte...

Le voici à l'avant-dernier échelon.

Quel chemin parcouru depuis juillet ! Mais parcouru avec tant d'habileté, tant de prudence que personne aujourd'hui ne s'étonne de cette promotion.

Naguère pourtant, on n'offrait le Ministère de l'Intérieur qu'à un homme vieilli dans les conseils parlementaires, investi par les Loges, consacré par elles, contrôlé par elles.

Sans doute, Frot est de la maison : voilà bien longtemps qu'il est inscrit à la Loge Anatole France. Mais il n'est pas franc-maçon militant. Et dans les conversations particulières où il se laisse aller à des confidences, s'il ne va pas jusqu'à renier ce parrainage, du moins tient-il à faire observer qu'il n'attache aucune valeur superstitieuse à un lien devenu depuis longtemps assez lâche.

Pourtant, le voici place Beauvau.

D'ailleurs, il y est surveillé et son orthodoxie sera garantie par un sous-secrétaire d'État parfaitement sûr : le f∴ Hérard, député de Baugé.

Ce poste de choix ainsi pourvu, toutes les difficultés sont loin d'être aplanies. Que de portefeuilles à distribuer encore ! Le jeu classique des pronostics se poursuit dans les couloirs.

Le nom d'Ybarnegaray disparaît sur l'horizon.

Celui de Marquet aussi. Le maire de Bordeaux, sardonique et énigmatique, regarde sans jalousie apparente son ami Frot s'emparer d'une place qu'il avait lui-même convoitée. Se doute-t-il alors des lendemains qui attendent son heureux rival ? Et ne se réjouit-il pas secrètement en pensant qu'il risque de se casser les reins dans une aventure insuffisamment préparée ?

En tout cas, Daladier, sous peine d'un échec certain doit tenter de donner le change à l'opinion en teintant avec quelque libéralisme son cabinet de nuances nouvelles : François Piétri, le colonel Fabry, Gustave Doussain, André Bardon vont lui apporter ce concours qui le situera sur un plan nouveau.

Certes, le colonel Fabry représente un élément inquiétant.

Il a pris violemment parti il y a quelques semaines, aux côtés de Daladier, contre la thèse du Conseil supérieur de la Guerre et du général

Weygand, sur l'organisation des périodes militaires. Est-ce la récompense de ce service qu'il reçoit aujourd'hui ? Sa présence marque-t-elle d'un trait plus accentué les divergences qui vont cette fois séparer le Ministre de la Guerre et le Généralissime ?

On peut le craindre en voyant M. Paul Bernier — le f∴ Bernier — ministre du même cabinet, — lui qui fut le rapporteur du projet défendu par Fabry.

Nuages... Inquiétudes... Incertitudes... Qu'en adviendra-t-il ?

En tout cas, les fourriers de Daladier insistent sur les preuves qu'ils donnent d'une volonté neuve. Le choix de ses collaborateurs indique nettement qu'il change l'axe de sa politique. Il a fait savoir qu'il acceptera la commission d'enquête, car il veut la lumière, — toute la lumière.

Silence aux éternels mécontents ! Voyez comment on avait raison de nous répéter que nous devions faire confiance à Frot.

S'il n'était l'homme que nous avons dépeint, l'homme irréprochable, indépendant, hardi, dégagé des préjugés de parti, est-ce que François Piétri, est-ce que Fabry accepteraient de siéger à ses côtés ?

Oui, il était temps de parer au désastre, mais c'est fait.

Chautemps, Boncour, Monzie, Bonnet, Dalimier, Raynaldy, — tous ces noms trop voyants ont été éliminés.

Le gouvernement ne veut plus voir dans son sein que des hommes inattaquables.

Il y a Eugène Frot, cet homme intègre.

Et Eugène Frot mesure sans doute de la pensée le temps qui lui sera nécessaire pour franchir l'étape — si courte ! — qui sépare le Ministère de l'Intérieur de la Présidence du Conseil.

A la prochaine crise, c'est lui qui sera appelé à l'Élysée.

A lui donc de s'arranger pour qu'elle ne tarde pas trop.

CHIAPPE Jean
Directeur de la Sûreté générale en 1926

Le renvoi du préfet Jean Chiappe, le 3 février 1934, fut l'erreur de trop de la Gauche au pouvoir qui contribua à mettre le peuple de Paris dans la rue le 6 février.

Agence Rol

CHAPITRE V

PREMIÈRES LÉZARDES

Eh bien ! non, rien n'est résolu. L'opinion est silencieuse, mais reste alertée. La mauvaise humeur parlementaire persiste. A gauche, on trouve que Daladier capitule ; à droite, on l'accuse d'avoir cherché dans les rangs de la minorité des otages plutôt que des collaborateurs ; à gauche comme à droite, et pour des raisons différentes, on estime qu'il manque décidément d'énergie et d'autorité.

Sa légende, cette légende sur laquelle il a vécu depuis plus d'un an se désagrège peu à peu.

Lui, désorienté, incertain, recule de jour en jour l'heure où il lui faudra affronter la Chambre et le pays.

C'est alors qu'Eugène Frot, grisé peut-être par son ascension rapide et par les éloges dithyrambiques de ses amis, et qui croit son heure venue, esquisse sa manœuvre : puisque le Président du Conseil tergiverse sans fin, pourquoi le Ministre de l'Intérieur ne ferait-il pas la preuve que dans cette équipe, c'est lui qui est vraiment l'homme de gouvernement ?

Daladier a dit, usant de ces formules où se réfugie sa légendaire fermeté : « Vite et fort. »

Des mots ! songe Eugène Frot qui brûle de passer aux actes.

Le Gouvernement va se présenter le 2 février, mais se présenter avec quoi ?

Avec une déclaration ministérielle ? Hélas ! cette littérature que rien ne peut rajeunir constitue-t-elle un bagage suffisant pour une équipe d'hommes nouveaux qui veulent frapper l'opinion publique ?

Avec la promesse de la commission d'enquête ? Cela n'abusera personne : on sait bien que sous la pression de la volonté parlementaire et de la volonté populaire, elle est devenue inévitable ; et l'accorder aujourd'hui ne paraîtra qu'une concession arrachée de mauvais gré à un gouvernement qui ne s'en souciait guère.

Avec des sanctions ? Ce serait sans doute la bonne formule. Des sanctions, ce sont des actes. Des sanctions, cela se voit, et l'on sort enfin du domaine illimité et stérile des promesses.

Mais quelles sanctions ? Ici Daladier-Hamlet se trouve de nouveau plongé dans ses perplexités.

De nouveau aussi Eugène Frot le conseille : pour lui, la sanction essentielle tient en un mot, en un nom : Chiappe...

Ainsi se démasque l'action menée par Frot.

La rumeur de la presse et des couloirs ajoute : et par Marquet.

Marquet, un peu plus tard, démentira. Il affirmera n'avoir jamais demandé à Daladier, en échange de sa participation éventuelle, que la suspension du Préfet de police. Il le déclarera en constatant sévèrement que tout cela fut absurde, incohérent, criminel...

Ce que l'on ne peut ni nier ni démentir, c'est que Frot en exigeant le départ de Chiappe correspond merveilleusement au désir des socialistes et des communistes.

Il a pour cela deux raisons... Chiappe écarté, c'est le concours des voix socialistes assuré et donc la certitude d'une majorité confortable pour le nouveau gouvernement. Et puis, Frot a besoin d'un Préfet de police à lui, et il a quelques raisons de craindre que celui dont il exige le départ se montre décidément trop peu docile.

Il s'agit donc maintenant de persuader Daladier. Or cet indécis éternel ne semble pas d'abord disposé à se laisser faire. Ses rapports personnels avec le Préfet de police sont excellents. Et il a eu l'occasion de lui prouver son estime il y a quelque temps encore lorsque Chautemps voulait le « débarquer » : à ce moment-là, il a nettement déclaré à son Président du Conseil :

« *Si vous touchez à Chiappe, je démissionne.* »

Du reste, il a, depuis lors, revu le Préfet et au cours d'un long entretien, il lui a dit avec effusion :

« *Vous n'êtes pas seulement un ami ; vous êtes l'ami...* »

Et à cette amitié, il s'est montré si résolument attaché qu'il a promis sans difficulté à Piétri et à Fabry que l'on ne toucherait pas à Chiappe.

Mais Frot insiste. Frot lui, joue sa carte — sa vraie carte.

Il joue la dictature, mais la dictature de gauche. Il ne peut la jouer que si Chiappe est hors du jeu.

Daladier résiste encore.

« *Alors, écrit* le Populaire *dans son numéro spécial sur le 6 Février, M. Frot confie à ceux qui l'entourent son découragement :*

« *Il n'y a rien à faire,* dit-il, *Chiappe tient presque tout le monde.* »

Et pourtant si, il y a quelque chose à faire. Daladier-Pilate — car ce Frégoli joue tous les rôles — a réfléchi : il va renier ses engagements, renier sa parole, renier son amitié. Seulement il enveloppera ses reniements dans une mesure générale et d'ailleurs équivoque ; il trouvera un élégant compromis entre les exigences des partis politiques. Les sanctions annoncées ne seront ni des révocations ni même des suspensions ; on se bornera à des déplacements avec de l'avancement pour tout le monde. Que diable ! la République n'est pas tellement pauvre qu'elle manque de vice-royautés lointaines où caser dans les exils dorés ceux dont elle redoute l'indépendance ou l'influence.

Chiappe au Maroc, Renard en Indochine, seraient assurément, séparés par quelques milliers de lieues, moins dangereux qu'ils ne le sont côte à côte à Paris.

Sans doute faudrait-il aussi songer au procureur Pressard dont le nom a été un peu trop prononcé ces temps-ci, mais à qui la Cour de Cassation pourrait offrir un abri sûr.

Quant à Thomé, la Comédie-Française paraît tout indiquée pour ce lettré en rupture de Sûreté générale. Ainsi donnera-t-on du même coup une leçon à Émile Fabre qui, en montant *Coriolan*, a fait de la salle de la Comédie-Française un dangereux foyer d'effervescence où sont chaque soir bafouées les plus nobles et les plus respectables traditions de la République des Camarades.

Ce programme est soumis à Frot qui approuve et qui dit à Daladier : « Préviens-les... » Ponce-Pilate, alors, décroche son téléphone et se lave les mains...

La route ainsi continue de se déblayer devant Frot. L'édifice auquel il consacre tous ses soins se consolide d'heure en heure.

Hélas ! dans la minute même où il le croit, les lézardes apparaissent.

Car Fabry et Piétri, informés de ce plan, manifestent et leur indignation et leur mépris. Henri de Jouvenel — pour qui l'on vient justement de créer ce Ministère de la France d'Outre-Mer auquel il fut plus facile de trouver un nom que des attributions définies — proteste avec eux.

Mais leur avis se heurte à l'opposition déterminée du Soviet des jeunes ministres : Cot, Mistler, Marie La Chambre, auxquels s'est joint Paganon. Ceux-là n'entendent pas abandonner les premières positions qu'ils viennent de conquérir. Ces apprentis conventionnels exigent qu'on se fasse la main tout de suite en prévision des lendemains impatiemment attendus. Ne pas céder, telle est leur consigne.

Et comme Daladier l'accepte, Fabry, Piétri, Doussain, s'en vont.

Est-ce, au moment décisif, l'écroulement ? Non : on aveuglera tant bien que mal les fissures ; on obstruera les voies d'eau ; on bouchera les trous. Trois hommes partis, la belle affaire ! Trois noms à remplacer tout au plus. Et puisque l'on n'a besoin que de figurants, que les rôles essentiels sont assurés, les premiers venus feront l'affaire.

Eh quoi ! les premiers venus ? Le premier venu au Budget ? le premier venu à la Guerre ?

Certes. Justement, M. Paul Marchandeau vient de déclarer solennellement dans sa bonne ville de Reims qu'il avait refusé d'entrer dans ce ministère et qu'il était fermement décidé à ne pas lui apporter son concours. L'encre de ces déclarations n'est pas encore séchée sur les exemplaires de *l'Éclaireur de l'Est* que s'arrachent les Rémois, fiers de leur maire et de sa noble indépendance.

Mais ces Rémois ne sauront jamais à la suite de quelle crise de conscience extra-rapide, M. Marchandeau, sur un coup de téléphone, accepte de prendre la place de M. Piétri et d'entrer dans ce gouvernement dont il se détournait dédaigneusement il y a une heure.

Quant à M. Fabry, son départ offre une chance inespérée à M. Paul-Boncour, mascotte traditionnelle des ministères de gauche depuis le début de la législature. M. Daladier avait même dit quelques jours plus tôt qu'il n'en voulait plus et qu'il le « haïssait »... Mais puisque Frot l'exige, comment Daladier résisterait-il ?

Avait-on raison de vous dire que ce cabinet était celui des décisions rapides, des solutions promptes ? Avait-on raison de vous dire qu'il ne se laisserait arrêter par aucun obstacle et qu'il imposerait son autorité sans se laisser intimider par les menaces de ses adversaires ni impressionner par les mouvements d'humeur de quelques mauvaises têtes.

Voici que toutes les résistances ont cédé : Chiappe est parti. Il a été immédiatement remplacé et M. Bonnefoy-Sibour étant venu l'informer de sa nomination a couché le soir même dans les meubles de son prédécesseur. Avec une inconcevable légèreté, il a accepté la responsabilité la plus lourde qui puisse échoir à un Préfet de police : assurer la protection d'une ville dans des heures particulièrement névralgiques sans connaître le personnel qu'il doit diriger, ni l'administration à laquelle il doit présider.

Socialistes et communistes exultent. Depuis sept ans, le Préfet de police, sans jamais avoir fait verser une goutte de sang était parvenu à paralyser tous les efforts révolutionnaires.

Depuis sept ans, leurs organisations, leurs syndicats, leurs militants, leurs meetings, réclamaient, exigeaient qu'on sacrifiât cet homme. Il était devenu le symbole de tout ce qu'ils haïssaient : l'autorité, l'ordre, la répression adroite, mais ferme.

Que de fois il les avait joués ! Et peut-être, était-ce ce qu'ils lui pardonnaient le moins, cette manière presque ironique et si raffinée de leur faire régulièrement des échecs sans grandeur et sans gloire ; si du moins, ils avaient pu apparaître en quelque façon héroïques ! Mais non, grâce à Chiappe, ils étaient régulièrement ridicules.

Il n'arrêtait pas leurs meneurs dans les rues au cours de quelque impressionnante démonstration : il les faisait simplement cueillir dans leur lit et les escamotait pendant quarante-huit heures aux yeux de leurs militants désemparés ; après quoi il les rendait à leurs troupes avec une auréole chaque fois amoindrie.

Cette fois, Frot venait de les venger : ce que ni Daladier, ni Sarraut, ni Chautemps ne leur avaient donné, ils l'obtiennent aujourd'hui et si c'est Daladier qui signe, personne n'ignore que c'est Frot qui lui a tenu la main.

Il était temps d'ailleurs qu'on en finît : car si depuis Janvier l'opinion publique, irritée et nerveuse, exigeait le châtiment des voleurs et arrestation des responsables, nul n'ignorait que le Préfet de police était l'âme commune de cette résistance séditieuse. Depuis trop longtemps les pouvoirs publics fermaient les yeux. Il manquait une poigne pour mettre à la raison les factieux, en leur enlevant celui en qui ils avaient mis tant d'espérances.

Frot venait de montrer par un premier geste ce dont il était capable. Et cette fois, bien en selle, entouré de ses jeunes chefs d'état-major, il allait, à brève échéance donner toute sa mesure.

Il avait du reste confiance en sa valeur, confiance en ses capacités. Le 10 mars, devant la commission d'enquête, il se mettra complaisamment en scène avec une fatuité désarmante et déclarera, avec un mélange d'indignation et de surprise :

« *On s'efforce de déconsidérer Frot. Cela suinte à travers les lignes de certains journaux. Vous les avez lus. Frot incapable ! c'est une question d'opinion. Frot affolé pendant les jours qui ont suivi le 6 !*

« *Il y a des gens pourtant qui m'ont vu ces jours-là. Demandez-leur si j'ai perdu mon sang-froid ?* »

Voilà ! Si tout le monde avait fait comme lui et si tout le monde avait comme lui gardé son sang-froid devant les morts, le fascisme était muselé et la République était sauvée !

Et dans un monologue, véritablement déconcertant, il expose ses idées, — les idées qu'il n'a pas eu le temps d'appliquer. Il dira :

« *Après les élections de mai 1932, mes amis politiques s'inquiétaient de la permanence de certaines présences. Moi pas. Je n'avais aucune raison de penser que le Préfet de police qui avait servi M. Laval et M. Tardieu ne me servirait pas avec le même dévouement.*

« *Je persiste à penser que ça, c'est une doctrine d'État.* »

De telles déclarations éclairent rétrospectivement les visées personnelles de l'homme en établissant la haute opinion qu'il avait de lui-même. Certes, il n'avait pas d'avance fixé la date du coup d'État élaboré depuis des mois. Mais, complaisantes, les circonstances elles-mêmes s'étaient substituées à lui et l'avaient poussé par les épaules. Avec une rapidité miraculeuse, tout avait cédé devant lui.

En cette veille du 6 Février, il touchait au but. Il restait bien quelques manifestants à disperser, quelques groupements à dissoudre, quelques ligues à mater...

Mais tenant l'Intérieur, la Préfecture de police et l'armée, il savait bien qu'avec quelques arrestations, quelques répressions un peu sévères, tout rentrerait dans l'ordre.

Et sans doute, ce soir-là, méditant sur les images de l'histoire, songea-t-il à Lénine, à Hitler, à Mussolini, ses maîtres, — aux Jacobins, ses ancêtres... Dans quelques jours, un journal — *Germinal* — écrira de lui :

« Tout était-il perdu ? Un homme, entouré seulement de quelques amis, poussa le cri de ralliement et organisa plus fortement la résistance qu'il avait voulue et préparée contre les factieux. Aux républicains débiles, aux ministres hésitants, il avait montré le devoir et la devise impérissable, trilogie inscrite sur les drapeaux et sur les monuments publics : Eugène Frot fut le Saint-Just de ces journées décisives, et, devant la Convention, eût bien mérité de la Patrie. »

Ainsi sa propre imagination, le fanatisme de ses amis, enivraient-ils cet homme, à qui depuis des semaines, ses thuriféraires et ses complices, répétaient qu'il serait « l'homme »...

POUR LA MER ET LA CAMPAGNE...

L'INSIGNE DES BRAVES GENS

(40ᵉ mille)

Le parlement est en vacances... et la Justice aussi.

Daladier et Frot, chefs des assassins du 6 février, sont en vacances...

Bony et Sarraut sont en vacances également.

Vous les rencontrerez peut-être sur les routes de France. Pour vous distinguer de cette bande et de leurs complices parlementaires, ne manquez jamais l'occasion d'arborer l'insigne des braves gens : « JE NE SUIS PAS DEPUTE ».

« Je ne suis pas député » doit devenir le cri de ralliement de tous ceux qui veulent la fin des scandales financiers et du pillage de l'épargne.

		Franco
Avec bouton de fixation	3 fr. 00	3 fr. 20
Par 10 unités	2 fr. 75	2 fr. 90
Par 100 unités	2 fr. 50	2 fr. 55

Aucun envoi n'est fait contre remboursement
Tous nos abonnés seront servis franco de port

CHAPITRE VI

LA RUE

La rue, cependant, grondait.

La rue, — dont nous devions entendre citer le nom avec colère pendant les semailles suivantes, par tous ceux qu'elle avait vaincus.

La rue, — non pas prise en son sens péjoratif, mais en son sens noble et complet.

La rue, — toute la vie exubérante, multiple, diverse ; la rue avec ses remous, ses houles, ses mouvements de marée ; la rue — toute la vie qui travaille, qui circule, qui agit, qui pense, qui veut ; la rue, — active et bourdonnante comme une ruche, affairée et grouillante comme une fourmilière.

La rue : le commerçant et le client, le vendeur et l'acheteur, le badaud et l'homme d'affaires, le bourgeois et l'ouvrier, le peuple, ce peuple de Paris, turbulent, gouailleur, bon enfant, — mais qui ne veut pas qu'on plaisante avec l'honneur et qui sait mourir sur les barricades pour une cause juste et un idéal généreux.

En ces jours troublés, la rue prête une oreille curieuse aux rumeurs qui viennent du Palais-Bourbon ; elle prête une oreille sympathique et complaisante à ceux qui demandent la fin des malversations et des complicités.

Et la rue crie d'une seule voix, menaçante et décidée :

« *A bas les voleurs !* »

C'est le grand cri séditieux des « factieux » et des « fascistes ».

Leur seul cri d'ailleurs.

Qu'ils aient l'intention de renverser le régime, ainsi que le répètent à l'envi du haut de la tribune de la Chambre, les ministres qui essaient de rallier leurs troupes sous le pavillon d'une panique commune, allons donc !

Au contraire, on peut s'émerveiller de leur docilité, de leur discipline, de leur sagesse.

Voyez plutôt les dates.

Le 9 janvier, l'Affaire vient d'apparaître avec son cortège de complaisances politiques. Et, bien qu'on ne sache encore que peu de chose, on devine que l'escroquerie n'a été possible que grâce aux appuis que l'escroc a trouvés auprès des pouvoirs publics, auprès de la justice, auprès de la police.

L'Action française a organisé, ce soir-là, une première manifestation au cours de laquelle ses jeunes gens sont bousculés par les agents.

Le 11 janvier, jour de la rentrée des Chambres et le 12, — ce sont les deux jours où se discutent les premières interpellations, — les protestations dans la rue se font plus denses et plus violentes. Les groupements des Jeunesses Patriotes, de la Solidarité Française, des étudiants, se répandent çà et là, suivis de la visible sympathie de la population, car ils représentent la protestation résolue et légitime des Français contre l'impunité dont on s'obstine à couvrir les coupables.

Le 19, le 22, le 23, le 26, des faits semblables se renouvellent. Chaque fois, ils revêtent un caractère plus énergique et plus brutal. Car l'attitude du gouvernement devient une véritable provocation. On a l'impression d'une volonté bien arrêtée d'étouffer coûte que coûte la vérité. Le Président du Conseil a refusé la commission d'enquête le 12, après l'impressionnant réquisitoire de René Dommange et la pathétique adjuration de Jean Ybarnegaray. Après mes deux interventions du 18 et du 23, il se cramponne rageusement à un pouvoir qui déjà lui échappe. Puisqu'il a rallié une majorité à l'intérieur pourquoi s'inclinerait-il devant les exigences du dehors ?

Personne cependant ne peut plus ignorer que Dalimier a été complaisant, que Raynaldy est en délicatesse avec la justice, qu'André Hesse a demandé des remises pour l'escroc, que Pressard les a ordonnées, que Georges Bonnet a menti, que Camille Chautemps qui fit élire Gaston Bonnaure, a été l'avocat d'un collaborateur de Stavisky.

Qu'importe tout cela : le Gouvernement a la seule chose qui importe pour lui : sa majorité.

La rue n'accepte pas.

« Nous sommes les représentants du peuple », s'écrient, offusqués, les hôtes temporaires de la maison sans fenêtres.

Mais la rue répond :

« *Non, vous ne nous représentez plus. Nous ne nous reconnaissons pas en vous. Nous sommes d'honnêtes gens. Pas vous, si vous continuez à couvrir les voleurs. A bas les voleurs !* »

D'ailleurs, elle va être satisfaite.

Malgré son arrogance, malgré sa majorité, le gouvernement ne peut plus reparaître devant la Chambre. Les coups portés lui ont été mortels. Il agonise, sans gloire. Le 27, on apprend que ces hommes — enfin ! — sont partis.

La rue fait :

« *Ah !* » et il semble qu'elle recommence à respirer. Les braves gens regagnent leurs occupations. Les manifestations cessent.

Admirez ces « fascistes », ces « trublions », ces « émeutiers » !

Et pourtant, 214 députés, oseront dans quelques jours signer un appel intitulé — toujours la hantise de la littérature jacobine ! — « La Démocratie en danger », et ils y diront :

« Ce que nous ne pouvons accepter, ce que le peuple de France ne tolérera jamais, c'est que, sous le couvert habile d'une campagne de protestation contre le scandale Stavisky qui est né sous des gouvernements de droite, des factieux essaient de porter atteinte aux libertés (démocratiques, ouvrières et paysannes, auxquelles les masses populaires sont si profondément attachées.

« Depuis des semaines et des semaines, tous les partisans de la dictature fasciste, toutes les forces anti-républicaines, toutes les ligues d'Action française, toutes les Jeunesses patriotes, toutes les organisations hostiles à la démocratie, ont été journellement excités, alertés, et méthodiquement entraînés en vue de l'émeute et du coup de force. »

Les dates sont là et répondent.

Il s'agissait si peu de s'entraîner « en vue de l'émeute et du coup de force », qu'à la seule annonce du départ du gouvernement Chautemps-Pressard-Stavisky, le peuple est rentré chez lui.

Il ne demande même pas ce qui suivra. Il ne croit pas possible, d'ailleurs, que le coup de balai ne soit pas décisif.

Certes, la désignation de Daladier comme successeur de Chautemps le déçoit. Cependant, il ne bouge pas, ne manifeste pas. Il est décidé à voir venir.

Et même, comme l'U. N. C. avait organisé depuis plusieurs jours une grande démonstration prévue pour le dimanche 4 février, elle consent à l'ajourner sur la demande de M. Daladier, transmise par Chiappe.

Ainsi tout établit le « préjugé favorable » des braves gens, tout disposés à faire confiance aux hommes de bonne volonté qui leur promettront de travailler à faire la lumière et à rétablir la justice.

Nulle part, n'apparaît chez eux le désir d'exploiter les événements en faveur d'on ne sait quel fascisme.

Que pourtant ils refusent d'être dupes, qui donc s'en étonnerait ? Ils ont promis d'attendre, ils n'ont pas promis de fermer les yeux.

Or, le 3 février, une étonnante nouvelle se répand : Le Préfet de police est congédié.

Ainsi, celui-là même sur l'intervention de qui ils ont renoncé à leur projet, celui que le Gouvernement avait choisi comme intermédiaire entre eux et lui, à cause de la sympathie dont il jouissait chez eux, celui-là, en reconnaissance de sa démarche et du succès qu'elle a obtenu, c'est lui qu'on met à la porte.

Car on le met à la porte.

Sans doute lui offre-t-on cette résidence générale du Maroc que tant d'autres à sa place accepteraient avec empressement. Mais une telle offre, en de telles circonstances, est d'autant plus insultante qu'elle ne saurait donner le change à personne.

Et qui donc fait ce geste ? Un gouvernement dont le chef a multiplié les protestations d'amitié envers celui qu'il congédie, a promis à ses collaborateurs de le maintenir à son poste, un gouvernement dont le Ministre de l'Intérieur a remercié avec effusion ce préfet de police de son heureuse entremise, et cela, à l'heure même où il avait en poche le décret qui le déplaçait.

Mais quels gens sont-ce là ?

Quelle signification a donc pour eux l'honneur, la parole donnée, le respect des engagements pris ?

Certes, s'il n'était trop tard maintenant, les anciens combattants reprendraient leur parole comme viennent de reprendre la leur si audacieusement ceux en qui ils avaient eu confiance.

Si l'on a cru les jouer, on s'est trompé !

Pense-t-on, du même coup, avoir joué la ville de Paris qui tout entière traduit sa stupeur et son indignation devant une mesure indéfendable et où l'absurdité le dispute à l'odieux ?

Car rien, exactement rien, ne peut la justifier.

Depuis des semaines les feuilles de gauche se répandent en insinuations pour semer dans l'opinion l'idée que Chiappe, lui aussi, est compromis dans l'affaire Stavisky. Pas une preuve jusqu'ici n'a pu en être apportée ; pas un témoignage n'a été formulé. Des calomnies anonymes, qui s'évanouissent devant le contrôle, c'est tout ce qu'on a pu rassembler contre celui qu'on veut sacrifier. Et quand dans quelques jours à la tribune de la Chambre, Gaston Bergery brandira un dossier qu'il prétend accablant et décisif, il se gardera bien de l'ouvrir, et d'en faire connaître le contenu !...

Et puis, si cette accusation tenait, singulière sanction que de nommer le complice de l'escroc à un des plus hauts postes dont dispose la République !... et singulier cadeau à faire à notre protectorat que de lui envoyer un homme tout éclaboussé de la boue d'un récent scandale !

Oui, en vérité, extravagance pure, mais extravagance mesquine, lâche, odieuse, et qui déchaîne aussitôt une clameur de colère et une immense houle de mépris.

Personne n'en est plus surpris assurément que les maîtres de l'heure qui reçoivent avec stupeur la lettre par laquelle Chiappe refuse sa nomination et les rappelle au sentiment d'une pudeur perdue.

Comment ! des hommes se trouvent encore qui tiennent à leur honneur plus qu'à un poste chargé de prestige et d'avantages ?

Chiappe a peut-être songé aussi qu'il y a un résident général au Maroc. Et s'il a vu hier, avec une amertume douloureuse un ami de plusieurs années accepter de s'emparer de sa place, il n'a nulle intention de s'abaisser jusqu'à l'imiter.

Préfet destitué, résident général au Maroc, — il a décidément conscience de n'avoir mérité :

« *Ni cet excès d'honneur, ni cette indignité.* »

Et il répond au Président du Conseil :

« *La seule idée d'être le successeur du maréchal Lyautey me remplirait de fierté, de confusion et d'angoisse. Mais, dans les circonstances actuelles, je ne peux pas quitter mon poste. Quand certains crient :*

« *Mort à Chiappe !* », *Chiappe ne part pas à Rabat. Mon honneur me retient à Paris.* »

Du moins, s'il a connu les trahisons de l'amitié, en connaîtra-t-il aussi les hautes joies : Renard, Préfet de la Seine, le suivra volontairement dans sa retraite. Piétri et Fabry démissionneront à cause de lui.

N'est-ce pas assez pour qu'en haut lieu, on comprenne l'erreur, la faute ?

Non ; et nous avons dit comment, docile aux ordres de Frot, Daladier refuse de revenir sur la décision prise.

C'est que la véritable raison du départ de Chiappe n'a jamais été le scandale Stavisky. Le véritable dessein qu'on poursuivait en lui offrant le Maroc n'était pas de l'honorer, mais de l'éloigner. C'est que la vague d'hostilité grandissante qu'il faut coûte que coûte endiguer, marque, aux yeux des hommes au pouvoir, la fin prochaine peut-être de leur domination. S'ils tardent encore, ce sera trop tard. Et pour réussir, pour que rien ne dérange des plans si laborieusement échafaudés, il faut être sûr que la sédition ne trouvera chez ceux qui sont chargés de la réprimer ni complaisance ni mollesse.

Mais ce préfet aime à répéter qu'il est ennemi de la violence.

Or pour rétablir l'ordre, imposer l'autorité et sauver la République, on estime indispensable une opération de police un peu rude ; il ne faudra pas reculer devant quelques incarcérations brutales ; des listes sont déjà préparées ; des hommes sont surveillés ; des mandats vont être signés.

Pour cette besogne, Chiappe apparaît décidément douteux et c'est pour cela qu'il faut qu'il saute.

Pourquoi dit-il aussi que jamais il n'a versé une goutte de sang ? Pourquoi s'en vante-t-il ? et semble-t-il lancer ainsi un défi à ses successeurs ?

L'heure est passée des sensibleries déplacées et, là-dessus, Pierre Cot et Jean Mistler ne cachent pas leur sentiment.

Pour en finir avec des gens qui osent troubler la sécurité de la République en criant :

« *A bas les voleurs !* », il ne serait pas mauvais de leur donner une leçon, — fût-elle sanglante.

Il faut qu'on sache que la France a enfin un homme.

Et que cet homme a une police, — sa police.

La presse de gauche applaudit : elle tient sa victime.

Les vrais vainqueurs de la journée, c'est *l'Humanité* et c'est *le Populaire*.

Mais ni *le Populaire*, ni *l'Humanité*, ne représentent la France ni Paris. Les élus de la Ville, conseillers municipaux et députés, ne peuvent croire qu'il soit trop tard pour persuader le Président du Conseil que les conséquences de son geste peuvent être dramatiques. Ils ont avec lui une entrevue et l'adjurent de rendre d'un mot la paix à Paris.

Explications, démonstrations, supplications même. Tout est vain.

Et, découragés, les élus vont avouer à leur Ville l'inutilité de leurs efforts.

La rue, de nouveau, se fâche. Sporadiquement. Nulle trace de « complot », d'accord, d'entente, autre que celle d'une commune indignation. Plusieurs semaines plus tard, interrogés par la commission d'enquête, tous les chefs de la police seront unanimes à déclarer qu'à aucun moment ils n'ont eu l'impression ni qu'une action fut concertée par ces groupements de gens indignés, ni que la République courût un danger.

Le mardi, 6 mars, M. Noedts, commissaire à la Direction des renseignements généraux, dira au Président de la Commission qui lui demande son avis sur le but poursuivi sur les organisations qui manifestèrent :

« *Faire du bruit pour se faire entendre, voilà ce qu'elles veulent. Du 9 janvier au 6 février,* l'Action française *a été présente presque à toutes les manifestations — à l'exception de celle que les* Croix de feu *ont organisée sous les fenêtres de M. Daladier, de la manifestation, le 26 janvier, des* Jeunesses patriotes *et de la* Solidarité française, *et de la manifestation des* Croix de feu, *le 5 février.*

« *Les* Jeunesses patriotes *se sont jointes à trois reprises aux manifestations de* l'Action française. *Mais les points de rendez-vous étaient différents.* »

Il répondra de même à M. de Tastes qu'il ne croit pas qu'il se soit produit entre ces diverses associations une entente de fait, à un moment donné, pour un but révolutionnaire ; il ne croit pas davantage qu'il y ait eu complot contre la sûreté de l'État.

Et il ajoute :

— Les cris que poussaient les manifestants signifiaient simplement qu'ils voulaient, à propos de l'affaire Stavisky, manifester leur dégoût de certains faits.

Marquons ici l'insistance des commissaires. M. Ramadier, malgré les multiples précisions déjà données par le témoin, en sollicite d'autres comme s'il espérait lui arracher une phrase qui pourrait servir la thèse du « complot » :

— Les manifestations de janvier pouvaient avoir pour but de renverser le régime républicain ?

Et M. Noedts de répondre avec la même netteté que précédemment :

Les organisations qui y ont pris part n'avaient certainement pas les moyens d'atteindre ce but.

Peut-être M. Perrier, directeur à la Préfecture de Police donnera-t-il une note différente ? Hélas ! à la grande déception de certains inquisiteurs obstinés, il s'exprime dans les mêmes termes.

M. de Tastes le fait préciser et voici le dialogue :

M. DE TASTES. — Si vous aviez connu un mot d'ordre qui pût être menaçant pour la République, votre devoir eût été d'en informer vos chefs ?

M. PERRIER. — Oui.

M. DE TASTES. — Donc, si vous ne l'avez pas fait, c'est que vous aviez l'impression qu'il n'y avait aucun danger pour la République ?

M. PERRIER. — Absolument aucun.

M. DE TASTES. — Les cris proférés Correspondaient-ils à un état d'esprit bien défini ?

M. PERRIER. — Le cri de « A bas les voleurs ! » était le plus capable de cristalliser l'opinion publique.

Arrêtons-nous sur ce mot : il définit, nous l'avons dit, tout le complot et anéantit tout le roman qu'on avait bâti sur la tentative fasciste.

Aussi bien, quelqu'un qui ne saurait être suspecté de partialité dira de son côté :

« *Le 6 février, place de la Concorde, il y avait des réactionnaires, des fascistes, des petites troupes organisées et courageuses, oui ; mais il y avait aussi une foule énorme de braves gens qui n'avaient pas d'opinion politique mais qui, par contre, avaient des sujets de mécontentement et de colère. Il y avait même des radicaux et des socialistes et s'ils manifestaient c'était contre les saligauds qui déshonorent la République.* »

Ce témoignage émane de M. Marcel Déat et concorde décidément assez mal avec la version officielle que l'immense majorité des gens de gauche a tenté d'imposer à l'histoire. Une agitation, une effervescence, un mécontentement, une colère. Soit ! Mais que celui-là se lève donc qui osera les déclarer illégitimes. Sédition, insurrection, proclament avec humeur les historiographes complaisants de M. Frot. Mais la Déclaration des Droits de l'Homme elle-même leur donne tort, elle qui proclame que devant la tyrannie, l'insurrection devient le plus sacré des devoirs.

Or, c'est la plus insupportable des tyrannies que celle qu'on prétend imposer à la France : la tyrannie de la malhonnêteté, du mensonge, de l'escroquerie et du déshonneur.

Le 3 février au soir, la fièvre monte dans les groupes.

Le 4, bien que la manifestation de l'U. N. C. n'ait pas lieu, on discerne sans peine l'ascension rapide de la température.

Le 5, les *Croix de Feu* font une démonstration devant la place Beauvau où campe Frot. Dans la bagarre qui s'en suit, la hampe de leur drapeau est brisée. Des heurts violents se produisent. Un officier de réserve demande avec insistance à un capitaine de la Garde de le laisser passer avec ses camarades. Le capitaine lui répond d'une voix presque implorante :

« *Je vous en prie, n'insistez pas. Nous avons des ordres impitoyables...* »

Impitoyables ?...

Décidément, M. Frot qui, derrière ses grilles et sa police écoute ces rumeurs, a bien fait les choses...

CHAPITRE VII

AFFICHES

La voix collective de la rue, c'est l'affiche.

En quelques jours, les murs de Paris se sont couverts de placards multicolores où s'exprime l'âme de la ville.

Affiches ardentes, passionnées, généreuses, que demain l'on interprétera comme des preuves du complot.

Ah ! si l'affaire n'eût fini tragiquement, comme on rirait ! Eh quoi ! ces Messieurs de *l'Humanité*, ces Messieurs du *Populaire*, ces Messieurs de *la République*, ont donc oublié leur propre littérature ?

Le Populaire en son fameux « numéro spécial », intitule gravement un paragraphe :

« *Les ordres de mobilisation* ».

Doucement, ô ineffable *Populaire* ! Des ordres de mobilisation, combien en avez-vous publiés ? Des appels à l'insurrection, combien en avez-vous lancés ? Et vos syndicats de fonctionnaires, et vos ligues des droits de l'homme, et vos objecteurs de conscience !

Sachez au surplus, ô *Populaire*, qu'un « complot » cela se trame discrètement, dans les ténèbres : on ne met pas au courant de ses intentions par voie d'affiches, le peuple, le pays, le gouvernement et la police.

Or, le « complot » des fascistes s'organise au grand jour ; il ne cherche pas l'ombre ; il n'a ni mot de passe mystérieux, ni conciliabules secrets ; c'est tout bonnement et en pleine lumière, le rassemblement des honnêtes gens.

Le « complot » vrai, c'est celui que Frot, Mistler, Cot, leurs complices et leurs amis, élaborent depuis des mois ; et celui-là, parce qu'il est un vrai complot, se cache.

L'autre s'étale sur tous les murs et parle clair par la voix de ses affiches.

Et que disent-elles ces affiches ? Que dit ce Paris en rumeur et qui écoute complaisamment la voix d'une jeunesse si passionnément indignée, si noblement généreuse ?

Voici les *Jeunesses Patriotes* :

« *Par un véritable coup de force, avant même d'avoir reçu l'approbation des Chambres, le*

Gouvernement sacrifie aux injonctions communistes le Préfet de police Jean Chiappe.

« *Demain, cédant à la pression de l'Allemagne, un des organisateurs de la victoire sera mis dans l'obligation de partir : le général Weygand.*

« *Une formidable hécatombe se prépare dans l'armée, dans la magistrature, à tous les degrés de l'administration vont être frappés ceux qui ont donné des preuves de leur indépendance et de leur patriotisme.*

« *Le régime des fiches va renaître !*

« *Le délit d'opinion est rétabli.*

« *Laisserez-vous établir la dictature d'un clan ?*

« *Laisserez-vous étrangler vos libertés ?*

« *Petits fonctionnaires, indépendants et patriotes, laisserez-vous supprimer vos gagne-pain ?*

« *L'opinion publique doit se manifester avec force.*

« *Le peuple doit clamer sa volonté.* »

Car il est vrai qu'après Chiappe, ils ont songé à Weygand...

Daladier y songe depuis longtemps. Il y songe davantage encore depuis qu'ils sont entrés récemment en conflit et que Weygand a refusé de capituler au Conseil supérieur de la guerre devant les exigences du Président du Conseil et de la camarilla qui l'entoure.

Le 5 février, à l'ambassade de Pologne, la femme d'un sénateur français avoue dans une conversation l'inquiétude où a été plongé son mari en apprenant que la destitution et peut-être l'arrestation de Weygand n'étaient plus qu'une question d'heures...

Voici les *Phalanges Universitaires* :

« *Étudiants ! c'est le coup d'État de gauche...*

« *Pour demain, la dictature la plus odieuse qui soit : la dictature des politiciens ! la dictature des francs-maçons !*

« *Au moment où les révolutionnaires communistes décident de « tenter le coup », on leur prépare les complaisances policières...*

« *Le gouvernement sectaire se moque du pays...*

« *Gouvernement de voleurs, de traîtres !*

« *La France ne veut plus de ces hommes qui la trompent, qui l'exploitent, qui la vendent !* »

Ces propos que sont-ils donc ? Sinon l'expression vraie, fidèle, exacte, du sentiment général, la fière révolte de tout un peuple, las du joug humiliant et honteux qu'on lui inflige depuis 15 ans ? Langage d'étudiants de « droite », dira-t-on.

Alors, voici un peu plus loin le noble appel du *Front universitaire*.

« *Étudiants, en dehors et au-dessus des partis, indépendants de toutes les organisations de droite ou de gauche, nous venons faire appel à ceux de nos camarades qui se sont toujours refusés, comme nous-mêmes à faire de la politique.*

« La France est en péril. Demain, les organisations révolutionnaires essaieront de « s'emparer du pouvoir et livreront sans défense notre pays à l'envahisseur.

« Il n'est pas nécessaire d'être inscrit à un groupe pour se révolter devant les effroyables scandales qui condamnent aujourd'hui le système de ceux qui en vivent.

« Pour l'honneur de notre génération, les étudiants doivent se dresser et prendre la tête du grand mouvement national qui se dessine.

« Nous ne vous demandons pas d'adhérer à un comité ou à un groupe, nous vous demandons de descendre dans la rue, avec nous, mardi soir, pour crier notre volonté d'arracher notre pays aux forbans de la politique, aux pleutres, aux lâches, aux traîtres, aux escrocs.

« Tous, boulevard Saint-Michel, mardi 6 Février, à 18 heures 30. »

A quoi bon multiplier les citations et en emplir ce volume ?

Elles crient toutes le même vœu, la même volonté :

« Assez d'escrocs, assez de voleurs, assez de traîtres. »

Et ainsi, l'unanimité réalisée dans cette volonté est-elle le seul « complot » qu'aient formé en ces jours troubles et tumultueux, les honnêtes gens de France.

6 Février 1934 : L'action française en première ligne

Les A. C. V. G. défilent : Drapeaux en tête de cortège.

Les communistes étaient, aussi, de la fête ...

CHAPITRE VIII

TEMPÊTE
SUR LE PALAIS-BOURBON

Ceux qui assistèrent à cette séance ne l'oublieront plus jamais.

La rue n'était pas encore menaçante, mais fiévreuse déjà et le feu y couvait, à l'heure où les députés, soucieux, gagnaient en ce 6 Février le Palais-Bourbon transformé en forteresse.

Police, fantassins, cavaliers, patrouillaient, formaient les faisceaux, barraient les rues. De lourds camions rangés côte à côte coupaient toutes les artères aboutissant à la Chambre. On avait vu circuler des autos-mitrailleuses, parade d'intimidation assez maladroite.

Dans les couloirs, des renseignements contradictoires volaient de bouche en bouche. Le gouvernement faisait discrètement faire par ses amis une campagne rassurante. A ceux qui se montraient préoccupés des complications possibles, on répondait que rien n'était à craindre ; que toutes les mesures étant prises, les manifestants se le tiendraient pour dit.

Tout au plus s'agirait-il de quelques jeunes écervelés sans importance, auxquels assurément hésiteraient à se mêler les anciens combattants...

Parmi ces fourriers de l'optimisme officiel, M. Jean Mistler se distinguait. Il allait et venait dans les groupes, l'air important, le ton cassant ; et si quelqu'un lui demandait : « Eh bien ! Monsieur le Ministre ? » il répondait, haussant les épaules, en homme sûr de lui :

« Eh bien, nous aurons 380 voix. »

Car, à cette heure si grave, seul lui importait le dénombrement d'une majorité !

On ne discutait pas avec lui. A quoi bon ? On le laissait passer. Mais à la vérité, nulle traînée de confiance ne marquait son sillage ; personne ne se sentait réconforté par ce politicien suffisant qui comptait sur Castelnaudary pour mettre Paris à la raison.

Et ce fut avec le cœur lourd d'une angoisse et d'une oppression insupportables que les députés de la minorité gagnèrent leurs travées au moment où retentit dans les couloirs la grêle sonnerie du timbre qui annonçait l'ouverture de la séance...

Rarement entrée d'un nouveau gouvernement dans l'hémicycle souleva pareils mouvements. Daladier, blême, le visage tendu, l'œil mauvais, parcourut d'un morne regard les banquettes, quêtant un soutien, un secours, un réconfort. Les socialistes, immobiles, ne bronchèrent pas. Les radicaux debout, se livrèrent à l'ovation rituelle, mais sans que cet enthousiasme de commande éclairât les visages. L'acclamation se fit plus chaleureuse quand parut Eugène Frot avec son air victorieux ; et de le voir si sûr de lui, l'applaudissement gagna les bancs socialistes qu'il remercia du regard.

A droite, des rires ironiques soulignèrent l'entrée de Paul-Boncour. Pour les autres, depuis le temps que l'on contemplait lors de cérémonies semblables le vaste front de Mistler, le sourire avantageux de Cot, la vaine fatuité de Guy La Chambre, l'insupportable insignifiance du vicomte de Chappedelaine, comment prendre encore un intérêt quelconque à cette exhibition ?

Vivement la déclaration ministérielle, corvée inévitable !

Et puis, les interpellations, pour qu'on ait enfin des explications sur les imprudences, les absurdités, les contradictions qui avaient marqué les débuts malencontreux de ce gouvernement.

M. Daladier gagna la tribune pour lire sa déclaration.

Il n'alla pas loin. De tous les bancs de la minorité, les clameurs jaillirent. Des interruptions violentes hachaient ses paroles. Quand il eut prononcé la phrase où il parlait de « quelques défaillances individuelles », d'une « banale escroquerie », le tumulte devint tel qu'il dut s'arrêter.

Toute la déclaration, — un pauvre morceau d'ailleurs, bien différent de ce qu'annonçaient ses thuriféraires ! — fut ainsi déchiquetée de cris, de protestations, d'apostrophes contradictoires, que se renvoyaient les groupes d'une extrémité à l'autre de l'hémicycle. Quand le tumulte devenait vraiment assourdissant, l'orateur, adossé à la tribune, les bras croisés, attendait un impossible silence.

Qui l'eût écouté d'ailleurs ?

A tout instant des députés retardataires entraient en séance. Ils portaient des nouvelles qui, colportées d'une travée à l'autre, assombrissaient les visages, troublaient les regards...

Ils annonçaient que la foule se faisait de minute en minute plus dense ; la police et la troupe encombraient les rues ; de la petite terrasse de la Chambre, à l'angle du quai d'Orsay et du boulevard, l'on pouvait apercevoir la place de la Concorde, noire et grouillante. La précoce nuit d'hiver ajoutait à tout ce mouvement inusité on ne savait quel caractère de grandeur poignante.

Et ce n'était rien encore : les premiers rassemblements officiels n'étaient prévus que pour 18 heures ; les anciens combattants n'étaient convoqués que pour 20 heures.

Comment tout cela finirait-il ? La police, énervée par l'épuisant service qu'elle avait fourni depuis des semaines, irritée de la disparition de son chef d'hier, ne connaissant pas son chef d'aujourd'hui, saurait-elle tenir ?

« Passeront-ils ? » se demandaient avec une angoisse visible — seule note comique de ces heures émouvantes — des députés qui se voyaient déjà saisis, déshabillés, fouettés, jetés à la Seine...

On les rassurait : l'armée renforçait la police. Vingt-deux régiments avaient été alertés par le gouvernement : Reims, Angers, Compiègne, Montauban... On se passait la note rédigée par Pierre Cot et adressée aux directeurs d'aérodromes interdisant l'envol de tous les avions civils et même les vols d'entraînement, ordonnant de tenir les appareils enfermés dans les hangars, et de s'opposer à leur départ, « au besoin par la force ». D'autre part, des avions de bombardement avaient été rassemblés à Orly. A Satory, le 503ᵉ régiment de chars d'assaut devait se diriger sur Paris avec ses tanks. Le 21ᵉ colonial, stationné à la porte de Clignancourt, avait reçu l'ordre de se tenir prêt à partir avec dix-huit cartouches par Homme et des paquets de pansements. Les unités qui venaient de province devaient emporter leurs armes automatiques.

Tout cela dépassait singulièrement les mesures préventives prises habituellement devant une manifestation. L'odeur de la guerre civile chargeait cette atmosphère et jusque dans l'enceinte de l'Assemblée, les plus sceptiques, ceux même qui ne voulaient pas l'avouer, la percevaient nettement.

La hâte du gouvernement était grande d'en finir.

Très vite, Eugène Frot s'était éclipsé pour regagner son ministère. Il restait en effet des précautions à prendre pour le ministre de l'Intérieur, vrai maître du bal sinistre qui commençait. Non pas que sa sollicitude ne se fût déjà étendue aux domaines les plus divers. N'avait-il pas téléphoné au gouverneur de la Banque de France pour lui demander de mettre à sa disposition toutes les réserves de la Banque, et prévenir que s'il n'avait pas satisfaction, il ne reculerait pas devant de retentissantes révocations ? Sur un tout autre plan, les hôpitaux n'avaient-ils pas été invités à prendre une série de mesures extraordinaires ? Les internes et les infirmières avaient été consignés. Les chirurgiens devaient faire évacuer avant trois heures de l'après-midi tous les malades qui pouvaient se lever, afin de « faire de la place »...

Et le soir, quand le Docteur Lobligeois, l'illustre radiologue, relevé sur la chaussée où la police l'a matraqué — alors qu'il se rendait à la Chambre avec ses collègues du Conseil municipal — arrivera à l'hôpital, il constatera que la place des directeurs est occupée par les hauts fonctionnaires de l'Assistance Publique...

Mieux encore, le ministre avait fait téléphoner au Directeur de l'Opéra qu'il songeait à transformer le théâtre en ambulance !... Admirable prévoyance où se révélait l'homme d'État qui n'abandonne rien au hasard ! Au cours de la nuit, on allait en effet s'apercevoir qu'il avait été sage de « faire de la place ».

Pendant que son collaborateur ordonnait et disposait ainsi, alertant même les régiments — c'est le ministère de l'Intérieur et non celui de la Guerre qui, à trois heures du matin, donnera des instructions au 503e régiment de Chars d'assaut, à Satory — Daladier tenait à la Chambre l'emploi de figurant auquel on l'avait réduit. Un va-et-vient incessant emplissait l'hémicycle. La nervosité croissait pendant que d'une voix rituellement inintelligible, le Président de la Chambre lisait l'interminable liste des interpellations.

De nouveau, Daladier se leva à son banc et ce fut pour demander l'ajournement des interpellations, sauf celles de MM. Dommange, Ybarnegaray et Franklin-Bouillon. Devant cette étrange proposition, les colères se rallumèrent.

Eh quoi ! le gouvernement faisait un tri parmi les interpellateurs. De quel droit ? Pourquoi ?...

A partir de ce moment, comment conter en détail ce qui se passa ?...

Un numéro du *Journal Officiel* a paru le lendemain comme les autres jours ! Rien ne le différencie des autres. Le sang ne s'y voit pas, ni la peur, ni la honte. Morne et insipide littérature, prose refroidie et figée dans laquelle il est impossible de découvrir même le reflet de ces heures dramatiques...

L'opposition assistait avec une sorte de pitié narquoise à l'affolement de la majorité. Le but du Président du Conseil était clair : abréger le plus possible la séance, brusquer le débat, en finir ! Pour empêcher cet escamotage, la minorité demanda un scrutin public à la tribune.

Elle en demandera ainsi plusieurs à la suite, seul procédé qui lui reste pour marquer sa protestation contre l'inadmissible dictature de la majorité. Dès lors, ce sera entre la salle, les couloirs et la rue, le mouvement désordonné d'une fourmilière dans laquelle on a piétiné.

Un peu partout, des altercations éclataient entre les parlementaires. Dans les couloirs, Jean Mistler se distinguait par sa violence et ses menaces :

« Nous nous vengerons de Paris, criait-il à Marcel Héraud, et nous ferons voter la péréquation des circonscriptions parisiennes. »

Effrayante incompréhension !

Pour eux, ce qui s'était passé, ce qui se passait, ce n'était qu'un mouvement de mécontents dressés contre eux par leurs adversaires politiques. Ils en auraient raison en quelques heures. Ils obtiendraient leur majorité. Après quoi, eux au moins, sauraient s'en servir.

En attendant, les nouvelles qui parvenaient au banc des ministres et que ceux-ci trahissaient par leurs visages verdis et crispés, accroissaient de minute en minute l'inquiétude. On se demandait si les barrages de police tiendraient devant les manifestants. Furtivement, des députés s'éclipsaient, profitant de ce remous perpétuel pour disparaître sans être remarqués. Des cris de rage partaient des travées de gauche chaque fois que, de l'autre côté, on demandait un nouveau scrutin public. L'opposition était farouchement résolue à maintenir là ces gens pressés de fuir et qui parfois la suppliaient et faisaient appel à sa raison ? A quoi bon laisser envahir la Chambre ? S'imaginait-on que la colère populaire une fois déchaînée distinguerait entre les parlementaires ?... Et dans les yeux hagards des discoureurs passaient des reflets d'angoisse et des éclairs de colère.

Car cette journée qui aurait pu être émouvante n'était que laide, laide de toute cette pleutrerie et de toute cette lâcheté. La rage essayait de dominer et de noyer la peur. Peine perdue ! c'était celle-ci qui reparaissait victorieusement ; elle marbrait les traits convulsés, les faces de cendre, elle creusait les yeux éperdus et elle fêlait le rire forcé de ceux qui tentaient de se donner une contenance. Pareils aux enfants qui chantent dans la nuit pour se donner du courage, ils criaient et hurlaient avec des voix aiguës, des gesticulations désordonnées ; ils tournoyaient sans but, invectivant tantôt la droite et tantôt le gouvernement. Dès ce moment, Daladier n'était plus pour eux qu'un fantoche, une outre vide. Ils mettaient autant d'âpreté à le piétiner qu'ils mettaient naguère de bassesse à le courtiser. Ah ! son énergie, sa décision tant de fois célébrées, qu'en restait-il ? Que faisait-il, muet à son banc ? Comment acceptait-il de se laisser manœuvrer par des adversaires qui n'avaient même pas le nombre pour eux ? Et ils grondaient en serrant les poings :

« *Si seulement, Frot était là !...* »

Du moins restait-il Léon Blum. Ils l'écoutèrent avec un religieux respect. Ils se serraient d'instinct autour de celui d'entre eux qui osait se lever, qui osait parler ; mais la minorité approuvant ironiquement Léon Blum, leurs passions reprenaient le dessus et ils recommençaient de crier, désarçonnés et furieux. Ils en voulaient à Blum d'avoir fourni à la droite l'occasion de l'applaudir. Il leur semblait que c'était une trahison à leur endroit, à eux qui avaient besoin d'aide, de réconfort. Ils blâmaient tout, critiquaient tout : la mauvaise organisation de la police, les règlements parlementaires, l'insuffisance des mesures de protection... Pourtant, on ne pouvait sortir de la Chambre sans se heurter aux cavaliers, aux agents ou aux gardes... Mais fallait-il s'y fier ? Étaient-ils assez bien armés pour résister jusqu'au bout ? Leur avait-on passé des consignes précises ? N'était-ce pas mollesse déplacée que de leur avoir interdit les violences inutiles ? demandera plus tard M. Campinchi à la commission d'enquête.

Un torrent continu de parlementaires, d'huissiers, d'attachés animait de courants contraires les couloirs où continuaient de retentir les voix des harangueurs. Des meetings de place publique s'organisaient. Des âmes en peine erraient, guettant un mot rassurant, un pronostic favorable. Tout cela bouillonnait, grondait, jetait au passage comme une écume ou une bave des propos qui trahissaient l'irrémédiable bassesse des âmes, la misérable qualité des épouvantes.

Sur ces entrefaites, on venait annoncer que des blessés arrivaient, que les manifestants s'armaient de tout ce qui leur tombait sous la main, mutilaient les chevaux, lapidaient les gardes avec des pierres ou des débris de fonte, faisaient pression de plus en plus violemment sur le barrage du pont de la Concorde.

Le vacarme redoublait. Que faisait-on ici ? Pourquoi ne pas lever la séance en laissant les obstructionnistes seuls en face de leurs scrutins ? Était-on aux ordres de la réaction ?

La « réaction » souriait d'un sourire méprisant et déjà douloureux. Sans doute, les rumeurs qui semblaient suinter à travers toutes les murailles étaient-elles en un instant amplifiées, grossies, multipliées, comme répercutées par un écho déformant, mais elles comportaient certainement une part de vérité. Comment discerner l'exact de l'inexact ? Quelle était la source de ces renseignements, de ces affirmations dont ceux qui les colportaient ne savaient même plus dire de qui ils les tenaient ? Une seule chose était certaine : la foule irritée en voulait au Palais-Bourbon ; elle avait concentré contre lui toutes ses rancœurs ; elle était décidée à user contre lui de toutes ses violences.

Exaspérés, pareils à des guêpes dont on vient d'enfumer le nid, se heurtant et se bousculant, interrogeant les huissiers, demandant :

« Est-ce vrai qu'ils approchent ? »

Les assiégés dénonçaient avec des regards de haine les instigateurs de cette campagne

« abjecte » contre le Parlement, qui avait jeté contre eux cette population. Eux, les élus du peuple, eux qui tant de fois, bombant un torse avantageux, avaient lancé aux foules des « Citoyens » victorieux et confiants, c'était aujourd'hui devant ces mêmes citoyens qu'ils tremblaient. Avaient-ils donc oublié le secret des boniments à succès qui leur avaient tant de fois porté bonheur et dont ils riaient cyniquement entre eux une fois les bulletins de vote dénombrés ? Il y avait donc des heures où se révélaient inopérantes les formules qui avaient produit un si sûr effet sur les auditoires « républicains » des cafés de Chambéry et de Saint-Servan !...

La nuit était maintenant tout à fait venue. Collant leurs fronts aux vitres, ils la contemplaient, sinistre et froide, comme un ennemi de plus.

Incapables de mater leurs nerfs, avides de se rendre compte par eux-mêmes du spectacle qu'offrait vraiment la rue, certains faisaient vingt fois le trajet qui les menait à la terrasse du quai. Un murmure confus, assourdi et fondu par l'éloignement, venait battre les murs comme une mer. Les silhouettes silencieuses des gardes se détachaient à peine de l'ombre. Des sentinelles veillaient partout. Pourquoi ce spectacle ne rassurait-il pas ? Et pourquoi croyait-on deviner jusque dans leur attitude figée, on ne savait quelle réprobation pour les hommes qu'ils étaient chargés de défendre ? Parfois, dans ce grondement de conque, des bruits plus précis émergeaient soudain : un faisceau de cris s'élevait vers le ciel comme une gerbe de fusées ; le bruit net et précipité d'une charge de cavalerie semblait une chute de grêle sur l'immense parvis sonore. Puis tout s'apaisait... Les reins rompus et les épaules lourdes, les observateurs s'en revenaient d'un pas plus las vers la lumière crue de l'hémicycle...

A la tribune, des orateurs parlaient dans le vacarme.

Chose étrange : André Tardieu, dans une brève et incisive intervention, obtint le silence, et ce fut dans une sorte d'atmosphère figée par la peur qu'il put dénoncer le Président du Conseil comme avant instauré ce jour même la dictature.

Puis de nouveau, houle et tumultes. Daladier à son banc, le regard vide et perdu, effondré, balayant parfois d'un geste vague les nouvelles qu'on lui portait à tout instant, n'écoutait pas, ne répondait pas. Sous son front bas et plissé, mille expression dans ses yeux fixes. Jamais homme de gouvernement ne fut plus visiblement débordé par la charge qu'il avait assumée, par les événements qui l'enveloppaient. Les informations qu'on lui apportait le stupéfiaient. Il dira plus tard :

« Je n'ai pas compris..., je ne croyais pas..., je ne me doutais pas... »

« Je n'ai pas voulu cela... » Lui non plus ! *Tragique et amer destin des mots historiques !*

Parbleu ! ne lui avait-on pas dit : « Laissez-nous faire ! » Et il avait abandonné Chiappe ; et il avait donné un blanc-seing à Frot, et il avait embarqué Martinaud-Deplat, Marie, Cot, Mistler, La Chambre. Et capitaine impuissant à bord d'un navire en dérive, il avait abdiqué entre les mains de ces pilotes d'aventure la conduite de ce bateau ivre...

Soudain, une rumeur de tonnerre emplit le morne amphithéâtre.

Franklin-Bouillon venait de monter à la tribune et sa voix vengeresse retentissait soudain, libérant les consciences et les cœurs, souffletant de son mépris l'homme qui allait demain demeurer marqué des sanglants stigmates de cette journée.

Et tandis qu'il flagellait sa lâcheté et ses reniements, que, tourné vers les socialistes, il leur criait : « Et c'est pour « *ça* » que vous allez voter... ? » — « ça » n'était plus à son banc qu'une épave, une ruine, une loque battue par la tempête et qui depuis longtemps ne luttait plus.

Soudain, pendant l'imprécation tragique, un cri, deux cris retentirent.

Lionel de Tastes et Georges Scapini venaient d'entrer, et livides, criaient au Président du Conseil :

« *On tire sur la foule... Qui a donné l'ordre de tirer... ?* »

Minute effroyable...

Tous les regards se tournent vers Daladier.

« *On tire...* », répètent les deux députés de Paris... « Qui a donné l'ordre ?... » « Qui ?... Qui ?... »

Daladier fait son geste éternel, las : un mouvement des mains, un haussement d'épaules, une vague dénégation, si vague...

Pas un mot, pas une explication...

On le supplie, on l'adjure... Qu'il fasse cesser le feu !... qu'il donne des ordres tout de suite...

Le tumulte, l'émotion sont indescriptibles...

Penchés aux balcons des tribunes, les spectateurs de cette scène affreuse cherchent à deviner les mots qui se croisent, s'éparpillent, s'élèvent, retombent et rebondissent dans ce creuset fumant d'où monte un grondement de volcan. Ils entendent mal, mais ils voient.

A son banc, il y a ce dos voûté, ces épaules rentrées, cette forme tassée et prostrée, — le Chef du Gouvernement ! Et à droite, debout, cet aveugle, revenu des champs de bataille où du moins l'on n'était frappé que par les balles ennemies ; cet aveugle frémissant et pathétique, implacable comme le remords, tendant ses bras désespérés vers l'homme qui pouvait encore tout arrêter et le foudroyant de ses yeux sans regard...

Comment dire l'accent de cette voix, de toutes celles qui l'accompagnent et où l'invective se mêle à la supplication ? Les bouches crient et il semble que les cœurs aient cessé de battre. On voudrait arracher à cette gorge obstinément muette le mot qui va arrêter la guerre atroce déjà déchaînée entre les Français... Ah ! qu'il vienne ce mot !... L'attente est intolérable...

Hélas ! Scapini s'arrête, épuisé, découragé, impuissant...

Daladier n'a rien dit. Il ne dira rien. La chose affreuse est consommée.

Et pendant que ces hommes délibèrent, ergotent, s'injurient, que la panique court le long des travées, que les huissiers s'affolent, que le Président cherche son chapeau, Franklin-Bouillon penché sur la tribune, montrant du doigt cette caricature sanglante d'homme d'État, traduisant la clameur indignée, farouche, de ceux qui tombent là-bas, sous les balles des « fusilleurs », continue de crier avec sa voix d'orage :

« *Allez-vous-en ! Je vous chasse !*
« *Le pays vous chasse... Vous ne comprenez pas... Allez-vous-en... Allez-vous-en...* »

LES VICTIMES DU SIX FÉVRIER

AUFSCHNEIDER (Alphonse)

De Schiltigheim (Bas-Rhin), 27 ans, valet de chambre, tué d'une balle au cœur près de la place de la Concorde. Il était Ligueur d'Action française.

CAMBO COSTA

42 ans, d'origine hellénique, naturalisé Français, musicien sans travail, mort le 9 février des multiples blessures reçues dans la nuit du 6. Allié d'Action française.

CHEYNIER LE JOUHAN DE NOBLENS (Gratien)

55 ans, industriel, ancien combattant, frère de trois combattants morts pour la France, marié et père d'un enfant de 7 ans 1/2, membre de la Solidarité française. Atteint d'une balle entre les deux yeux, il fut frappé et piétiné avec un acharnement bestial, comme le prouvent les nombreuses contusions et fractures du crâne, du nez et de la mâchoire que l'on releva sur lui. Il décéda quelques heures après son transport à l'hôpital Beaujon.

COUDREAU (Raymond)

49 ans, commis-livreur dans une mercerie en gros; n'appartenant à aucune association politique, veuf et père de six enfants, dont deux en bas âge.

ETHEVENAUX (Louis)

25 ans, garçon charcutier, reçut, près de la Madeleine, un coup de matraque d'un policier et mourut d'une fracture du crâne.

FABRE (Jean-Eloi)

Etudiant en médecine, interne à l'hôpital Saint-Joseph, membre des Jeunesses patriotes, tué d'une balle au cœur devant le pont de la Concorde. Il avait été blessé en 1925, lors d'un guet-apens organisé rue Damrémont par les communistes.

GARNIEL (Lucien)

Garçon boucher, 16 ans, blessé d'une balle qui l'atteignit à la colonne vertébrale, mort le 1er novembre, après une longue et douloureuse agonie.

Mlle GOURLAND (Corentine)

Femme de chambre, 34 ans, tuée d'une balle à la tête sur la terrasse de l'hôtel Crillon, place de la Concorde.

JAVEY (André)

39 ans, n'appartenant à aucune association politique, ancien combattant, blessé aux Eparges, croix de guerre. Succomba à ses blessures le 11 février.

LABOUCHEIX (Marius)

Directeur administratif de la société « L'Energie industrielle », ancien combattant, laisse deux orphelins, frappé d'une balle en arrivant près de la place de la Concorde.

LALANDE (Raymond)

Menuisier et tapissier d'autos, 24 ans. Atteint sur la place de la Concorde d'une balle qui lui fit éclater le tibia. Succomba des suites de sa blessure le 5 février 1936. S'était inscrit aux Camelots du Roi après le 6 février.

LAMMERT (Henri)

31 ans, officier mitrailleur de réserve, gérant d'un hôtel meublé appartenant à ses parents. Ne faisant partie d'aucune association politique. Tué d'une balle dans le dos, sur la place de la Concorde. Il laissait une veuve sur le point d'accoucher.

LECOMTE (Jules)

35 ans, engagé dans la marine à 19 ans, embarqué sur les patrouilleurs de la division de la Loire, ouvrier à l'usine Renault, succomba le 12 février, ayant reçu une balle dans le ventre. Marié, sans enfant, il était Ligueur d'Action française et chef d'équipe de Camelots du Roi.

LIEVIN (Charles)

Cuisinier, 34 ans, blessé le 6 février 1934 d'une balle à la colonne vertébrale, mort le 6 décembre 1935, après vingt et un mois d'atroces souffrances, laissant une femme sans ressources.

MEZZIANE (Galli)

28 ans, musulman, membre de la Solidarité française, manœuvre en chômage, écrasé par un camion de la police lancé à toute allure, puis achevé à coups de pied et de matraque. Mort le 7 février.

MOPIN (Jean)

24 ans, atteint à la colonne vertébrale, mort le 7 décembre d'une infection généralisée, après de longs mois de souffrances héroïquement supportées. Il a été inhumé à Compiègne.

MUNNIER (Albert)

27 ans, comptable, depuis quelques mois sans travail, tué d'une balle de revolver dans la tête, rue Boissy-d'Anglas. Il était marié et père d'un bébé de 18 mois.

PEUZIAT (René-Alain)

29 ans, frère du champion cycliste, n'appartenant à aucune association politique.

ROSSIGNOL (Raymond)

37 ans, industriel, ancien combattant, membre des Jeunesses patriotes, officier de réserve de cavalerie, marié, père d'un enfant de 12 ans, tué d'une balle de revolver en pleine tête devant le pont de la Concorde.

ROUBAUDI (Georges)

36 ans, industriel, directeur d'une grande maison d'importation et d'exportation de soieries occupant 200 ouvriers, ancien combattant, engagé volontaire à 17 ans, croix de guerre avec deux citations, marié et père de trois enfants dont l'aîné n'avait pas 6 ans. Ligueur d'Action française et membre de l'Association Marius Plateau.

SOUCARY (Alfred)

30 ans, dessinateur, membre de l'Association des Décorés de la Légion d'honneur au péril de leur vie, fut tué à coups de matraque et relevé la colonne vertébrale complètement disloquée.

VAURY (Henri)

39 ans, ancien combattant.

CHAPITRE IX

LE SANG DU 6 FÉVRIER

Pendant qu'à l'intérieur de la Chambre, les nouvelles parvenaient ainsi morcelées, hachées, émiettées et comme par lambeaux sanglants, l'irréparable se déroulait à quelques mètres sur la place de la Concorde et aux alentours.

De très bonne heure, la foule parisienne, intéressée par l'annonce des manifestations, avait envahi les abords de l'immense terre-plein. Le déploiement inusité des forces de police, l'importance des rassemblements envisagés, la circulation des patrouilles, attiraient et aggloméraient les badauds. L'animosité contre la Chambre, les plaisanteries sur les députés alimentaient les conversations des groupes. Mais tant qu'il fit grand jour, ce ne fut guère que l'immense fourmillement d'une foule, de cette foule parisienne, sensible, spontanée, impressionnable, curieuse...

Cependant, d'heure en heure, on y sentait grandir une secrète angoisse, une colère sourde. On se montrait, au bout du pont barré et défendu par les agents et les gardes, l'édifice maudit où délibéraient les responsables. Forcer l'entrée de la Chambre, voir de près les hommes qui s'y terraient sous la protection des troupes, leur crier enfin en face ce que la France pensait d'eux, ce serait tout de même une revanche. D'autant qu'on les prétendait apeurés, affolés à l'idée qu'ils allaient peut-être être envahis. Et les lazzi de jaillir, tandis que les poings se serraient et que les regards se durcissaient...

La foule était diverse et mélangée. Des témoins écrivent qu'elle était composée d'hommes de tous les rangs sociaux, d'un ensemble convenable. » Ce ne sont en effet que des manifestants spontanés, qui n'ont répondu à aucune convocation particulière, mais qui sont venus isolément ou par petits groupes d'amis, pour voir, pour se rendre compte et aussi pour se solidariser par leur présence avec ceux qui vont tout à l'heure réclamer une France « honnête et propre ». L'immense majorité, ainsi que l'a souligné Marcel Déat dans le passage que nous avons cité, n'appartient à aucun parti politique.

Mais, eux aussi, en ont assez. La politique ne leur a causé que des déceptions. Le mirage des promesses électorales s'est évanoui et il ne leur reste que le marasme de leurs affaires, l'inquiétude du pain quotidien, et par-dessus tout, les menaces sans cesse renaissantes d'un conflit extérieur. Ils ont sur tout cela des idées claires et simples. Ces Parisiens ont deux affections : l'une proche d'eux, c'est Chiappe, leur préfet, qui les connaissait bien, qui savait leur parler, qui les comprenait ; l'autre, plus lointaine, mais en qui ils croient passionnément : Weygand, qui symbolise pour cette population patriote la sécurité de la France. Or on a chassé Chiappe et menacé Weygand. Et cela pendant que les commensaux et les protecteurs de Stavisky continuent de jouir de l'impunité. Il n'y a plus de tranquillité pour les honnêtes gens si les bons serviteurs du pays sont transformés en suspects et si les misérables et les voleurs tiennent le haut du pavé. Qu'on en finisse ! On dit que Daladier est un honnête homme. Alors pourquoi a-t-il permis cela ? Pourquoi a-t-il laissé toucher à Chiappe, son ami ? Qu'est-ce que c'est que ce Bonnefoy-Sibour qu'on leur impose sans crier gare ? Tout cela cache des combinaisons équivoques, des calculs louches. Ce n'est pas encore avec ce gouvernement-là qu'on aura la justice et la lumière. Qu'il s'en aille !...

Ainsi s'exprime Paris, sommairement, mais avec un bon sens clairvoyant. Aussi bien, ces hommes sont pleins de confiance et ne doutent pas d'obtenir aujourd'hui même satisfaction. Sans doute, on ne prendra pas la Chambre à l'assaut. Mais pourvu qu'on ait fait peur à ses occupants, pourvu qu'on crie assez fort pour qu'ils comprennent qu'on ne veut plus d'eux...

Certainement, quand ils verront que les anciens combattants sont tous là ils reculeront. Car enfin, on ne peut soupçonner ces hommes d'arrière-pensée politique. Ils ont donné assez de preuves d'abnégation, de sacrifice et de discipline pour qu'on n'ait pas le droit de les soupçonner de mettre leur glorieux passé au service d'un intérêt particulier.

Il y aura aussi les J. P., les Camelots du roi, la Solidarité Française. Ce soir, les divergences politiques qui les séparent ne comptent plus puisqu'il s'agit simplement de la France. Paris attend ces jeunes gens avec indulgence et sympathie : Paris est toujours indulgent à la jeunesse et au courage. Enfin, il y aura les Croix de Feu. Un beau nom qui sent la gloire et la bravoure. Les Croix de Feu ne se sont jamais mêlées à un mouvement politique. Les Croix de Feu défendent les traditions françaises, les libertés conquises par leur héroïsme, celui de leurs camarades, celui de leurs pères ; leur chef, le colonel de La Rocque, a toujours refusé de les lancer dans une aventure. S'il a voulu ce soir que ses troupes fussent là, c'est que leur voix ne peut pas manquer à l'émouvant concert de toutes les voix nationales qui vont couvrir le vain bruit des querelles politiques et des conciliabules parlementaires.

Ainsi trompe-t-on la longue attente avec ces commentaires. La place est noire de monde. La police est de plus en plus nombreuse. Sous les arbres des Champs-Élysées, sur la terrasse des Tuileries, la foule aussi grossit de minute en minute. Certains regardent, un peu soucieux, ce grandiose rassemblement. Tout à l'heure, quand déboucheront les cortèges, où passeront-ils ? Comment évitera-t-on qu'à la faveur du désordre des collisions, des rencontres brutales se produisent ? Déjà apparaît à ceux qui réfléchissent l'absurdité de l'organisation de M. Frot et de son préfet de police. On peut barrer une rue, fermer l'accès d'une place. Mais cette place, une fois envahie, comment la déblayer, alors que les voies par lesquelles on prétendra faire refluer la foule sont trop étroites pour lui permettre de s'écouler normalement ? Pourquoi n'a-t-on pas condamné la place elle-même ? Sans doute il était compliqué de la barrer du côté des Champs-Élysées. Mais un réseau de fils de fer barbelés et de chevaux de frise eût, sans péril pour quiconque, retenu opportunément à distance la marée humaine qui a dès maintenant tout submergé.

Le crépuscule vient. Les curieux qui circulent distinguent, non sans appréhension, des éléments troubles qui se glissent peu à peu parmi la foule. Ceux-ci ont attendu que l'obscurité les protégeât. Mais en passant près d'eux, dans les coins d'ombre — car ils évitent les espaces trop éclairés — on discerne les visages patibulaires et inquiétants. Ils cherchent l'ombre propice des bosquets et guettent déjà du regard le banc à démolir, la plaque de fonte à briser, l'arbre à déraciner...

Voici que désormais, il apparaît à tous — il doit apparaître au service d'ordre lui-même — que rien ne pourra plus éviter des excès dont les conséquences peuvent être graves. La place est devenue une immense nasse d'où personne ne pourra plus sortir puisque les nouveaux arrivants qui débouchent de toutes les voies interdisent tout mouvement en sens contraire. Pas de champ libre pour les charges de cavalerie qui pourraient refouler les groupes trop entreprenants. La nervosité qui ne cesse de s'accroître devient de l'impatience puis de l'exaspération. Cris, vociférations, menaces, une sorte d'ivresse collective inévitable s'empare de cette masse sans direction et sans chef. Bien entendu, elle ne tarde pas à tourner son irritation — les députés étant hors d'atteinte — contre ceux qui les protègent. Les agents et les gardes sont pris à parti, parfois injuriés, par endroits même, attaqués. Plus souvent, les manifestants s'efforcent d'amadouer les gardiens de la paix ; ils savent que Chiappe est resté chez eux populaire. Et le fait est que par endroit, ils n'opposeront qu'une résistance assez molle, parfois au contraire ils se déchaîneront contre le peuple avec une véritable fureur.

Cependant, il faut y revenir : la note dominante de cet énorme rassemblement, c'est que tout y est laissé au hasard. L'idée d'un « complot » est une dérision pour qui a contemplé ce spectacle d'incohérence où chacun n'agit que selon son initiative personnelle. Les conversations s'engagent entre gens qui ne se sont jamais vus, mais qui trouvent tout de suite un terrain d'entente : le mécontentement commun qui des points les plus divers de la ville les a, les uns et les autres, poussés jusque-là.

Quant au service d'ordre, il a dû lui aussi tout improviser sur les injonctions du ministre de l'Intérieur. Mais qui commande ici ? Qui dirige ? Où est Bonnefoy-Sibour ? Qui le connaît ?

En réalité, il est au bout du pont de la Concorde, non pas du côté de la place, mais du côté de la Chambre. Il est entouré d'un groupe d'officiers de la police et de la garde. Il est visiblement débordé. Il commence à s'apercevoir qu'il est plus difficile de manœuvrer le peuple de Paris que de venir à bout d'une grève de mariniers.

Au cours de la soirée, il apparaîtra que sa hantise, c'est de ne pas laisser forcer le barrage du pont. C'est de protéger les députés. Nous entendrons et nous lirons le lendemain et les jours suivants, de longs récits, à faire dresser les cheveux sur la tête des périls qu'auraient courus les parlementaires, si la Chambre avait été envahie par ces « forcenés », ces « émeutiers »... L'incendie du Palais-Bourbon, le massacre des représentants du peuple eussent immanquablement suivi. C'est avec ces imaginations de pleutres qu'on a voulu justifier l'assassinat de la population parisienne.

On ira plus loin dans le grotesque. Il était réservé à une feuille de Montargis, *le Gâtinais,* organe de M. Frot, député de la circonscription, d'en atteindre le point culminant en écrivant le 3 mars :

« L'Union Nationale des Combattants est une vieille association qui cependant connue pour les sentiments nationalistes de ses dirigeants, n'avait, jusqu'au 6 février, participé à aucune démonstration violente. Le président Henri Rossignol, qui jouissait d'une particulière confiance, était devenu un intime ami de Serge Alexandre, nom d'emprunt de l'escroc Stavisky. Ce dernier, prévoyant qu'il serait un jour « brûlé », avait décidé Rossignol à préparer un plan d'attaque de la Chambre, ainsi qu'il fut révélé par les journaux aussitôt après la mort de Stavisky. Rossignol devait entraîner l'U.N.C. aux cris de : « Vive Alexandre », et proclamer, à la Chambre, un Directoire. *L'effondrement de Rossignol suivit immédiatement celui de Stavisky. L'U. N. C. fit alors appel au conseiller municipal réactionnaire de Paris, Lebecq, qui dirigea l'opération du 6 février. »*

Épinglons ici ce morceau de littérature destiné aux historiens de l'avenir et qui en dit long sur les arguments auxquels en sont réduits les inventeurs du « complot », et passons...

Les rassemblements des Jeunesses Patriotes, des Camelots du roi, de la Solidarité Française s'effectuaient aux points prévus avec des difficultés diverses. Tous avaient comme objectif la place de la Concorde où ils allaient arriver entre 19 et 20 heures. Aussi bien paraît-il superflu de chercher à indiquer un plan d'ensemble inexistant et un peu ridicule de faire ici un cours de stratégie pour guerre de rue. Le Fabrice de Stendhal, qui s'était battu à Waterloo, n'avait bien saisi de la bataille que ce qui s'était déroulé autour de lui. Ainsi en est-il de tous les champs de bataille, même de ceux de la guerre civile. Et c'est seulement de la juxtaposition des témoignages isolés que peut être fait le tableau de la douloureuse soirée...

Depuis 17 heures, la foule, et particulièrement les éléments de désordre dont la présence est indéniable et ne pouvait, hélas, être empêchée, attaque çà et là les gardes et la police. Elle jette des pétards dans les jambes des chevaux et par endroit sème des billes sur l'asphalte pour les faire glisser. Des apaches, dont les gestes serviront ensuite à déshonorer tous les manifestants et même les anciens combattants, se livrent à des jeux hideux : avec des rasoirs au bout de leurs cannes, ils coupent les sangles des chevaux, tentent de leur trancher le jarret, frappent les hommes aux mains et au visage. Mais ce sont là faits isolés. M. Chamvoux, député de Toul et vétérinaire, que la Commission d'enquête chargera de l'examen des chevaux blessés, déclarera n'en avoir trouvé que neuf qui aient été ainsi mutilés. Les morceaux de fonte brisés et jetés à la tête des gardes sont aussi une des armes favorites de la population exaspérée. Un témoin écrira qu'à certains moments, ces projectiles pleuvaient de telle manière que les « casques faisaient un bruit de batterie de cuisine ».

Un peu plus tard, un autobus est arrêté sur la place, renversé et incendié. Un autre aura le même sort avenue Gabriel. Ce sont bien là, dira-t-on, des scènes de pillage et d'émeute. Qui le nie ? Et qui s'étonnera qu'en effet, dans une foule de près de cent mille personnes, des énergumènes se livrent à ce vandalisme ? Qui s'étonnera surtout que la pègre révolutionnaire, à l'affût de toutes les occasions pour déchaîner le pillage et les scènes de violence, ait profité de l'impunité que risquait de lui assurer l'anonymat dans lequel elle opérait ? Mais, encore un coup, ces faits constatés et déplorés, quel argument apportent-ils à la thèse du complot ?

Bien entendu, avec une visible mauvaise foi, la presse de gauche en rejettera exclusivement la responsabilité sur les « fascistes ». *Le Gâtinais* écrit dans le numéro que nous avons déjà cité :

« Les dégâts matériels commis par les Camelots, dans la seule journée du 6 février, se décomposent ainsi : trois autobus incendiés, 15 autobus lapidés, 43 arbres arrachés, 20 kiosques à journaux ou à fleurs incendiés ou démolis, 260 bancs, 450 candélabres, 250 bornes lumineuses, 34 phares de carrefours, 55 poteaux de signalisation ont également été brisés, de nombreuses devantures et glaces brisées. Le quartier de la Madeleine, présentant de riches commerces, a éprouvé pour des millions de dégâts. »

Ainsi les millions de dégâts du quartier de la Madeleine qui seront en réalité commis le lendemain 7, au cours de la manifestation communiste, sont-ils attribués à l'Action française. Mauvaise foi certes, mais mauvaise foi voulue et concertée. Il s'agit, en effet, de démontrer de toutes les forces de gauche, communistes compris, ont été d'une sagesse exemplaire. A l'heure où M. Gaston Bergery sonne le ralliement du « front commun », où l'on envisag de nouveau la fusion des socialistes avec les communistes, où il faut coûte que coûte réserver l'avenir d'une dictature de gauche dont on peut espérer que l'échec n'est que temporaire, la manœuvre s'impose. *Le Populaire*, dans son « numéro spécial » apportera sa contribution révélatrice à cette œuvre de rapprochement entre les troupes de M. Léon Blum, celles de M. Gaston Bergery et celles de M. Jacques Doriot. Prenant chaleureusement la défense de ces dernières, il écrit :

« Comme il fallait s'y attendre, une partie de la presse attribue aux communistes les actes de déprédation et de violence.

« Certes, il y a eu, sur plus d'un point, des communistes mêlés aux manifestants fascistes. Mais ce n'est pas à eux qu'on peut attribuer les coups de rasoir, les incendies, les violences de toutes sortes. Les communistes ont manifesté avec nous, le 12 février. Or, à la manifestation du Cours de Vincennes, pas un acte de banditisme n'a pu être reproché aux manifestants. Les communistes ont manifesté le 9, au soir. Et ils n'ont pas éventré les chevaux, ils n'ont pas brûlé de bâtiments, ils n'ont pas ravagé les kiosques ni démoli les bancs.

« Ces accusations contre les communistes sont infâmes. »

Après ce plaidoyer, *le Populaire* continue par cette amicale admonestation où perce vraiment bien le bout de l'oreille :

« Nous sera-t-il permis, pourtant, de dire que la direction du parti bolchevik, en donnant à ses troupes l'ordre de manifester aux mêmes lieux et aux mêmes heures que les fascistes, le 6 février, les exposait à être en butte aux reproches que la réaction leur adresse ? La place des communistes est aux côtés de ceux qui luttent contre le fascisme, non de ceux qui veulent l'imposer au prolétariat français. »

Cependant — il est à ce moment-là près de 19 heures, — la colonne de la Solidarité Française débouche de la rue Royale. C'est le moment où éclate tout à coup la sonnerie des trompettes de la garde, — cette « sommation » dont la presse illustrée a reproduit un document photographique qui à beaucoup paraît convaincant. Or, nul n'a nié que ces sommations-là aient été faites. Mais elles n'annonçaient que la charge. La charge a lieu en effet en éventail pour disperser la foule trop dense. Les cavaliers reviennent aussitôt à leur poste.

A l'autre extrémité de la place, du côté du cours La Reine, se sont glissés en grand nombre, puis rassemblés, les éléments suspects que nous avons vus tout à l'heure à la faveur de l'ombre, se coaguler lentement.

« *C'est de leurs rangs,* écrit un témoin, M. Jean Ducrot, au maréchal Lyautey, *entre le cours La Reine et le pont qu'est parti le premier coup de feu. Il était 19 heures 15 très exactement. J'ai très bien entendu le coup, reconnu le claquement bref d'une arme de petit calibre, sans voir le tireur...* »

Ainsi le premier coup de feu de la soirée a jailli d'un point très déterminé et du milieu de cette foule équivoque que nul homme de bonne foi ne pourra assimiler aux manifestants qui couvraient la place. Le même témoin, d'ailleurs, écrit un peu plus loin :

« *Il était 20 heures à peu près, plutôt un peu plus, quand j'ai remarqué une énorme colonne d'anciens combattants, drapeau en tête. Ils avançaient au pas, lentement, sans crier, sans faire un geste hostile. Au premier rang on voyait des mutilés, un aveugle qui levait sa canne blanche au-dessus de sa tête. Prévoyant le choc, nous avons allumé des torches pour pouvoir prendre des photos.*

« *A ce moment, je m'étais hissé sur la voiture arrêtée d'un opérateur de cinéma et je vous prie de croire que j'enregistrais bien la scène. Il n'y a eu aucune sommation, aucune sonnerie, j'ai vu jaillir du barrage deux jets d'eau : c'étaient les pompiers qui arrosaient les premiers rangs des porte-drapeaux et puis j'ai entendu : teuf-teuf-teuf...*

« *Quelqu'un a crié :* « *Ils tirent à blanc...* » *Mais à la même seconde le collègue contre lequel je m'appuyais a crié :* « *M..., mon chapeau !* » *La coiffe était percée de part en part. J'ai vu un homme pivoter et tomber comme un sac. Je suis absolument certain que, dès les premières balles, les gardes ont tiré droit devant eux puisque dès la première rafale, j'ai vu tomber du monde.* »

Tous les témoignages corroborent celui-là : les coups de feu sont partis sans sommation. Car il ne s'agit plus ici de sonnerie de trompettes, réservée nous l'avons dit, à l'avertissement qui précède la charge. Avant de commander le feu, un officier doit faire la sommation verbale selon la formule consacrée : Que les bons citoyens se retirent, la foule doit faire usage de ses armes. »

Or, à quoi bon discuter pendant des heures sur le point de savoir si la sommation a été faite ou non. Une preuve suffit, plus convaincante à elle seule que tous les arguments. Si les sommations réglementaires avaient eu lieu, on devrait retrouver celui qui en avait été chargé. Mais jusqu'à présent, nul officier, nul sous-officier, ne s'est levé pour dire : « *C'est moi qui les ai faites...* »

Cette déclaration qui, sans innocenter, certes, les « fusilleurs », atténuerait du moins l'odieux de leur attitude, manque hélas ! à leur dossier. Le fait demeure donc accablant, écrasant. D'autres témoins d'ailleurs ont déposé qu'au moment où éclatèrent les premières détonations, tout le monde, en effet, crut que les gardes tiraient à blanc et ce fut une stupeur et une indignation sans bornes quand on vit s'écrouler les premières victimes. Frot, pataugeant dans ses mensonges, écrira que l'« incendie » du ministère de la Marine avait précédé les coups de feu, comme si même ce fait eût été une justification. Or, là non plus, la discussion n'est pas possible : l'incendie n'eut lieu qu'une demi-heure après les décharges du pont de la Concorde.

M. Henry Jamet, 220, boulevard Péreire, m'écrit à ce sujet :

« J'étais place de la Concorde mardi soir, et je sais par profession ce qu'est un témoignage en justice. Or, j'affirme deux choses :

« 1° La garde mobile a tiré du pont de la Concorde en direction de la place à 19 heures 40, sans sommation aucune. J'étais avec un ami à cent mètres du pont, je ne faisais par conséquent pas partie de la grosse colonne d'attaque et j'avais par conséquent la meilleure position pour observer. La garde mobile a tiré quand la tête de colonne a atteint les cars de police qui barraient le pont. J'ai vu tomber une victime à trois mètres de moi, sans que la moindre sommation ait été perceptible.

« 2° La foule furieuse, ce qui se comprend, n'a essayé de mettre le feu au ministère de la Marine qu'une bonne demi-heure après cette première fusillade, soit vers 20 heures 15. Frot ment donc lorsqu'il écrit que l'incendie a précédé les coups de feu. »

Témoignage précis et catégorique que confirme en tous points celui-ci que m'apporte M. Henri Schitz, sellier, 30, rue de Caumartin :

« Je suis sorti de chez moi vers 8 heures 10 du soir, après avoir dîné. Je n'appartiens à aucune société d'anciens combattants, ni à celle des Croix de Feu. Je me contente de ma qualité de membre du comité du Syndicat des commerçants du quartier Saint-Lazare... Je me suis dirigé au hasard, sans aucun but précis que de me joindre aux manifestants, de proclamer mon dégoût du régime républicain des camarades » et réclamer la démission du cabinet Daladier, Frot et consorts. Je n'avais aucune arme dans mes poches.

« J'ai franchi le cordon d'agents qui barrait la rue Royale devant la Madeleine et me suis trouvé arrêté devant un fort groupe de manifestants qui stationnaient devant le ministère de la Marine et commentaient les événements qui venaient de se produire sur le pont de la Concorde. On venait d'apprendre que les mobiles avaient tiré sur les manifestants sans sommation et qu'il y avait des morts. La colère s'est aussitôt emparée de la foule et le sac du « ministère commencé. »

On imagine sans peine le désarroi jeté dans la foule par la première salve. Cette magnifique colonne des anciens combattants qui, défilant derrière ses drapeaux, n'avait de « séditieuse » que la banderole élevée au-dessus d'elle et dont l'inscription symbolisait à elle seule tout le « complot » :

« Pour que la France vive honnête et propre » ;

ce cortège dont l'admirable allure avait arraché aux spectateurs des larmes d'émotion et des acclamations sans fin ; ces mutilés, ces porte-étendards, toute cette France fière et glorieuse, exprimant sans un mot, sans un cri, par sa seule attitude, sa réprobation et sa volonté, cette France-là, c'était elle qui venait de servir de cible à des balles françaises !

Ah ! demain, on essaiera de s'excuser de ce crime en parlant des démolisseurs de kiosques et des incendiaires d'autobus ! Hélas ! et il faudra bien constater que les blessés et les morts appartenaient soit à des groupements de jeunes gens d'une témérité peut-être exaltée mais en tout cas héroïque, soit à des anciens combattants qui n'avaient bravé les balles ennemies pendant cinquante mois que pour tomber un soir de Février 1934 sur la place de la Concorde, comme ce Raymond Rossignol, engagé volontaire pendant la guerre, et abattu en temps de paix, m'écrira un de ses amis, « *comme un chien, au pied de la statue d'une ville qu'il nous avait aidé à reprendre* ».

Comme si ce n'était pas assez de tuer des Français, les massacreurs ont tiré dans le dos des manifestants. « Ils fuyaient donc ! » s'écrient avec un ricanement triomphal les défenseurs de Frot. Hélas, non ! ils ne fuyaient pas... Vers 20 heures, un groupe ayant réussi à franchir le premier barrage du pont de la Concorde descendait vers la Chambre. En face d'eux, un second barrage restait à forcer, celui où se tenait Bonnefoy-Sibour. Les jeunes gens se comptèrent du regard. Ils étaient vingt-cinq ou trente. L'inutilité de leur équipée leur apparut : jamais ils ne passeraient. Et avec la magnifique insouciance de leur âge et le sourire aux lèvres jusque dans le danger, ils s'écrièrent : « Allons chercher du renfort » et repartirent vers le premier barrage. C'est à ce moment-là que, froidement, les gardes tirèrent, les assassinant par derrière. C'est là que tomba le jeune Harold Roditi, frappé d'une balle à la colonne vertébrale. Et comme ses amis, M. Léon Haure et M. de Gueydon se précipitaient pour le relever, les gardes se ruèrent sur eux à coups de matraque... Aucun d'eux n'avait d'armes. Ces « bandes armées » de Daladier, de Frot, de leurs séides, où étaient-elles donc ? Devant la commission d'enquête, tous les chefs de la police, interrogés, déposeront que pas un des manifestants arrêtés ce jour-là n'était armé. Les médecins de la maison des gardiens de la paix et de la caserne des Célestins affirmeront d'eux-mêmes de la façon la plus formelle que pas un des blessés qu'ils soignèrent n'avait été atteint par une arme blanche ou par une balle. N'espérons pas pourtant que tous ces témoignages concordants persuadent les Montargeois que le complot fasciste est à reléguer dorénavant au magasin des légendes sanglantes.

Tandis que se répandait donc à travers les groupes le bruit des coups de feu et la nouvelle des morts, une colère nouvelle animait cette mêlée confuse. Éperdue, exaspérée, cette foule tournoyait sans but et cherchant seulement un aliment à sa rage. C'est alors qu'eut lieu ce prétendu incendie du ministère de la Marine que raconte M. Schitz :

« On commença par casser les carreaux au moyen de cannes. Ensuite plusieurs manifestants sont grimpés aux barres de fer qui protégeaient les fenêtres et ont fait céder ces dernières à coups de talon. Puis d'autres ont mis le feu avec des torches de journaux enflammés aux casiers garnis de dossiers qui étaient à l'intérieur du ministère, ce qui a provoqué le « grand incendie » dont on a parlé. J'ignore si ces incendiaires appartenaient à la catégorie manifestants ou communistes, mais je crois que c'était bien mélangé ; il y avait surtout là des citoyens qui voulaient venger ceux des leurs qui venaient d'être tués sur le pont de la Concorde. *Dans tous les cas, pas un seul coup de revolver ne fut tiré sur le ministère de la Marine, ce qui prouve bien que personne n'était armé. »*

Qui ne voit, en vérité, quelle fut l'imprévoyance de ces « fascistes » qui ayant l'intention de s'emparer du pouvoir par un coup de force n'ont même pas songé à emporter une arme ? Qui ne voit dans le même temps quelle effroyable responsabilité acceptèrent ceux qui n'hésitèrent pas à donner l'ordre de tirer sur des citoyens sans défense ? Quand toutes les dépositions auront été recueillies, bien des traits s'ajouteront à ces scènes d'horreur. Mais quelle qu'ait été l'exaspération de Paris ainsi mitraillé par le député du Loiret, quels qu'aient été les excès auxquels une légitime colère emporta les victimes, rien ne pourra jamais justifier les massacres que commirent ce soir-là les « bandes armées » en uniforme.

Ah ! nous n'avons nulle intention de discréditer les gardiens de la paix, ni la garde républicaine, ni même ces gardes mobiles contre lesquels s'est portée avec une partialité sans doute excessive toute la rancune de Paris. Rien de plus injuste que de les déshonorer en corps les uns ou les autres. Mais rien de plus indispensable que de stigmatiser les excès auxquels un trop grand nombre d'entre eux se sont livrés.

Car les uns et les autres, firent preuve, en maintes circonstances, de la brutalité la plus révoltante. On en vit accabler et rouer de coups non seulement des passants inoffensifs, mais des blessés. On vit des hommes portant sur leur dos un camarade inanimé et sanglant se diriger vers les gardes en leur demandant de l'aide, et ces mêmes gardes ricanants et insultants assommer avec furie celui qui les appelait au secours. On en vit tirer au revolver, posément, froidement, lâchement, abrités derrière des arbres ou des camions, sur des isolés qui relevaient une victime. On en vit frapper avec une sorte de sadisme les civils qui portaient la croix de guerre ou la médaille militaire. On en vit — et le cas se multiplia de telle manière qu'il pose une redoutable interrogation quant à des mots d'ordre possibles, — s'acharner avec une violence avouée sur ceux qu'ils savaient être officiers de réserve... Spectacle de honte que rien n'effacera jamais !...

Sans doute exciperont-ils de la situation dans laquelle ils se trouvèrent, en butte aux coups, aux projectiles divers, aux armes improvisées que maniaient leurs agresseurs. Sans doute invoqueront-ils l'affolement, l'ordre impérieux qu'on leur avait donné de s'opposer à tout prix au passage des manifestants. Discriminons ici les responsabilités : les faits, des faits trop nombreux et dont il faut citer ici des exemples, démontrent que ce ne fut, dans la plupart des cas, qu'une mauvaise excuse. Car chose singulière, ceux qu'ils ont blessés, ceux qu'ils ont tués, ce sont surtout ceux qui ne les avaient ni provoqués ni attaqués. Quelle furie les animait donc à l'heure où ils n'avaient plus rien à redouter, plus de coups à parer, plus de foule à calmer ?

Ce fut le second massacre — celui de la fin de la soirée.

Comment n'en pas évoquer ici quelques phases, si caractéristiques ? Empruntons encore à M. Jean Ducrot ces indications précises :

« A 23 heures 40 très exactement, j'ai vu les gardes se passer des miches de pain, et des paquets de cartouches. Les uns s'asseyaient pour manger pendant que les autres s'alignaient le long du parapet face au cours la Reine, le coude appuyé, visant posément la foule qui grouillait devant eux ; ils ont commencé à mitrailler à volonté. Bientôt ce fut un feu roulant. Puis les gardes, toujours revolver au poing et les cavaliers sabre au clair se lancèrent à la poursuite des fuyards.

« Il était minuit quand les premiers manifestants blessés ont commencé à affluer.

Tous étaient grièvement atteints et ruisselaient de sang ; c'étaient des loques qu'il fallait traîner. Les agents les attendaient, formaient la haie et se bousculaient pour les hacher de coups au passage avec toutes les armes qui leur tombaient sous la main. Et en voyant deux jeunes s'acharner sur un garçon dont la figure n'avait plus rien d'humain et lui marteler le crâne avec des morceaux de fonte, je n'ai pas pu me retenir de crier : « Arrêtez, il a son compte, on ne frappe pas un blessé... » *Ils se sont retournés contre moi, m'ont roué de coups. Ils criaient :* « F...-le à l'eau, tuez-le !... » *J'ai réussi à montrer mon coupe-file. Alors, ils se sont bornés à m'expédier à coups de pied, certains en visant très visiblement le ventre. »*

M. Yves Le Gouais, ingénieur agronome, lieutenant de réserve à Saint-Sulpice des Landes (Loire-Inf.), m'envoie de son côté les renseignements suivants :

« De passage à Paris, mardi, pour affaires, j'avais remis mon départ de quelques heures pour assister à la manifestation des anciens combattants à laquelle je ne pouvais rester insensible, étant donné que dans ma commune je suis membre de la section de l'U.N.C. en remplacement de mon père, engagé volontaire et tué en janvier 1915.

« Je me suis donc rendu sur la place de la Concorde, confiant dans le Communiqué du Gouvernement,

paru dans les journaux de l'après-midi, sans aucune arme, même pas une canne, et j'en suis revenu blessé de deux balles, l'une dans la cuisse, l'autre dans la main, reçues vers onze heures trente, alors que j'étais paisiblement sous les arbres des Champs-Élysées, loin de tout rassemblement. Ces balles ont été tirées par des gardes mobiles à pied qui, venant du pont de la Concorde, ont chargé dans la direction des Champs-Élysées, sans sommation et sans avoir été provoqués.

« *Pendant toute la manifestation je n'ai frappé personne, commis aucun dégât, et n'ai jamais refusé d'obéir aux injonctions de la police que j'ai pu comprendre. Je ne me sens coupable que d'avoir acclamé les anciens combattants, salué leurs drapeaux et chanté la Marseillaise avec eux. Je garde l'impression que l'on a non seulement fusillé inutilement la foule, mais exposé imprudemment la vie des gardes mobiles qui auraient pu être descendus par centaines si la foule avait répondu au feu par le feu. Or, pendant les cinq heures durant lesquelles j'ai assisté à la manifestation, je n'ai pas vu un civil montrer ou utiliser un Revolver, même pas parmi les éléments communistes d'ailleurs peu nombreux et peu agressifs qui s'étaient glissés au milieu des manifestants.*

« *Mon témoignage dont je vous autorise à faire l'usage qu'il vous plaira n'a aucun caractère politique étant donné que je ne suis affilié à aucun parti.* »

D'une lettre adressée au maréchal Pétain par M. Maurice Wattelebed, 143, rue Delpech à Amiens, j'extrais les lignes suivantes et qui corroborent très exactement les dépositions que nous venons de citer :

« Vers 23 heures 30, en compagnie de deux de mes amis, M. Charles Courtheoux, huissier, 101, rue du Cherche-Midi, à Paris, et M. Jacques Lorthioir, pharmacien, 1, rue des Eaux, Paris, 16ᵉ, nous passions en curieux, place de la Concorde, venant de la rue Royale ; M. Lorthioir et moi devions, par les Champs-Élysées, regagner Passy, où j'étais descendu chez mon oncle, 64, rue des Vignes. M. Courtheoux devait nous quitter pour rejoindre son domicile par le pont Alexandre III je crois.

« A cette heure, nous estimions qu'étaient terminées les échauffourées. Nous vîmes toutefois et avec stupéfaction, tant tout paraissait calme, plusieurs personnes ensanglantées qui venaient, paraît-il, du pont de la Concorde. Sur la place où stationnaient où déambulaient sans but ni direction de 2.000 à 3.000 personnes, tout paraissait calme.

« Nous nous trouvions non loin de la carcasse de l'autobus incendié quand une rumeur nous parvint. Je vis alors entre le pont et le Cours La Reine des gardes municipaux (casques dorés) et des gardes mobiles à pied (casques noirs) se déployer en tirailleurs puis, sans que j'aie entendu le moindre coup de clairon ni remarqué le moindre attroupement offensif de manifestants, ils chargèrent en tirant des coups de feu. Ceux-ci étaient nombreux et rapprochés mais n'émanaient certainement pas de mitrailleuses ni de

fusils-mitrailleurs dont le bruit m'est familier. Comme tout le monde, je me suis enfui ainsi que mes camarades que j'ai perdus de vue, en direction du théâtre des Ambassadeurs. Tout le monde galopait. Les balles sifflaient soit au-dessus de nos têtes, car j'ai vu tomber des branches cassées, soit à côté de nous, car j'ai vu tomber des civils blessés ou tués ; ceux-ci s'écroulaient, sans même trébucher dans les bosquets où environ un millier de civils s'éparpillaient. Tous les cent mètres à peu près, je m'arrêtais et avec d'autres revenais sur mes pas pour porter secours à ceux qui étaient tombés, mais de nouvelles charges nous obligeaient à nous enfuir. »

Enfin la presse a publié le stupéfiant récit de M. Marcel Cuvillier, 78, rue de Miromesnil, que nous versons également au dossier :

« Le mardi 6 février, vers 22 heures, je suivais paisiblement la rue La-Boétie en compagnie de ma femme, regagnant notre domicile. Nous nous donnions le bras et étions sur le point d'atteindre la place Saint-Augustin.

« Au moment où, à la hauteur du magasin Potin, nous nous apprêtions à traverser la rue par le passage clouté, deux cars de la préfecture de police surgirent brusquement. Les agents sautèrent à terre et s'éparpillèrent en courant sur la place absolument calme, car il n'y avait que quelques rares passants.

« Soudain, sans que rien ait pu faire prévoir une telle agression, plusieurs d'entre eux, armés de matraques, se ruèrent comme des fous sur ma femme et sur moi.

« *J'eus à peine le temps d'entrevoir un jeune homme qui culbutait non loin de nous, la tête ensanglantée. Ma femme fut jetée à terre. Je m'effondrai à mon tour, piétiné à coups de talon et perdis connaissance.*

« *Quand je revins à moi, j'étais couché sur le bord du trottoir et dans l'impossibilité de me tenir debout. Les agents s'étaient groupés autour de leurs cars et nous regardaient en ricanant.*

« *Ce sont des passants complaisants et indignés qui nous relevèrent et nous placèrent dans une automobile privée pour nous ramener à notre proche domicile, rue de Miromesnil.*

« *Je tiens à bien préciser qu'en droit comme en fait, il est impossible d'invoquer contre moi une imprudence ou une provocation quelconque.*

« *Il en résulte donc que, sans provocation de ma part, sans motif plausible et sans avertissement de mes agresseurs, j'ai été assailli par derrière et très gravement blessé par des agents de la force publique placés sous les ordres de MM. Bonnefoy-Sibour, préfet de police, et Frot, ministre de l'Intérieur.*

« *A la Clinique Médicale de Paris, 6, rue Piccini, où je fus transporté d'urgence, on constata que j'avais une fracture complète du péroné au tiers supérieur, une fracture complète du plateau droit du tibia et, qu'en outre, les os du genou avaient été littéralement écrasés. Deux opérations délicates et douloureuses ont déjà été effectuées et il est encore impossible de se prononcer sur l'infirmité dont je resterai atteint.*

« J'ajoute qu'au cours de cette inqualifiable agression, mon portefeuille m'a été dérobé avec, notamment, tous mes papiers d'identité. »

On le voit : les faits sont atroces, et ils parlent eux-mêmes. Il n'est plus question de l'affolement des gardes ou de la police, de la légitime défense. Pas davantage il n'est question dans notre pensée de chercher parmi les exécutants les seuls coupables ou les véritables responsables.

Qui a donné l'ordre de tirer ?

Demande l'opinion depuis ces heures tragiques.

Question capitale à laquelle aucune réponse n'a jusqu'ici été faite. Un ordre écrit était, dit-on, indispensable.

Qui l'a écrit ?
Qui l'a transmis ?
Qui l'a reçu ?

Les responsables se sentent-ils en sûreté parce qu'ils savent qu'il ne fut pas écrit ? parce qu'ils savent qu'on l'a fait disparaître ? parce qu'ils savent que personne n'osera les dénoncer ?...

Ils auraient tort...

Le peuple de France ne s'y est pas trompé : il les a instantanément nommés. Il a nommé ceux qui avaient le pouvoir, ceux qui ont pris les mesures de police, déplacé et investi les fonctionnaires, convoqué les troupes, distribué les consignes ; ceux qui diront le lendemain matin pendant les heures où ils se débattront dans le sang : « Nous ne céderons pas... » et qui envisageront l'état de siège, la loi martiale, de nouvelles tueries... Les responsables, ils s'appelleront dorénavant devant l'histoire, Frot et Daladier.

Si les précautions avaient été mieux prises, si elles n'avaient pas revêtu cette allure de provocation et de défi, si Mistler, Cot, Frot, La Chambre, Marie, Chappedelaine, Paganon, avaient crié moins haut et moins fort qu'ils materaient Paris, il y aurait eu le 6 février l'imposante manifestation prévue, rien de plus.

Ce sont eux qui ont transformé la manifestation en émeute.

Car la manifestation, c'est cela qui leur faisait peur, c'est cela qu'ils ne voulaient pas. Cette clameur de tout un peuple, ils avaient décidé qu'on ne l'entendrait pas, quitte à s'assourdir eux-mêmes au fracas des fusillades, quitte à l'arrêter à coups de revolver ou à coups de sabre dans la gorge des manifestants. Accrochés au pouvoir depuis quelques jours, à deux pas de la conquête de leur rêve, ils n'allaient pas ainsi renoncer à tout devant les exigences de la rue. Ils n'avaient que deux solutions : mater la rue, être matés par elle. Ils avaient choisi la première.

Peu à peu sortiront de l'ombre les responsabilités accessoires ministérielles ou extra-ministérielles. Certains noms ont été seulement murmurés qu'il faudra peut-être prononcer de nouveau. Le très obscur sous-secrétaire d'État de Frot, M. Hérard, qui tâcha si modestement de se faire oublier en disparaissant tout à coup, pourra peut-être renseigner utilement la Commission d'enquête sur les entretiens téléphoniques ou ceux qu'il eut avec divers préfets et les instructions qu'il leur transmit. Le lieutenant-colonel Barthe qui, depuis tant d'années, régnait en maître au ministère de la Guerre et que seul Maginot eut le courage d'en éloigner ; Barthe, homme des Loges, affilié à la rue de Valois, grand-maître de l'avancement des officiers de l'armée française, selon des méthodes inaugurées autrefois par le général André ! Barthe qui, il y a quelques mois, se proposant comme candidat à Melle, épouvantait les électeurs de François Albert par ses théories sur le désarmement de la France ; Barthe n'a-t-il pas été pendant ces jours le conseil de Frot ? Ne s'était-il pas installé place Beauvau ? Ne fut-il pas l'organisateur militaire du massacre et ne déclara-t-il pas en quittant le ministère de l'Intérieur, avant la journée fatale, que si les manifestants se montraient, tout était prêt pour les recevoir ?

Questions qu'un avenir proche éclaircira...

Mais dès maintenant, au cours de cette nuit d'hiver, deux noms sont tragiquement entrés dans l'histoire de France. Et même s'il était établi qu'ils n'ont pas donné l'ordre écrit de tirer, — le seul fait de dire au Préfet de police, aux officiers, à la garde :

« A aucun prix, ils ne doivent passer », cela c'est déjà un ordre, un ordre précis, un ordre qui n'a même pas besoin d'être précisé davantage...

A aucun prix ?... Pas même au prix du sang ?

Pas même !...

La preuve que telle était bien son intention, que son « A aucun prix » a été bien interprété, c'est que Frot, le lendemain, écrit avec satisfaction à ceux qui l'interprétèrent :

« Je vous remercie... vous avez bien travaillé pour la République... la prochaine fois pourtant, vous serez mieux armés... »

Il y a cette nuit-là dix-sept cadavres dans Paris, des centaines de blessés, une population déchirée de douleur et de colère, des Français qui se renvoient les uns aux autres des cris fratricides...

Mais il y a un homme qui « remercie » et se déclare content.

C'est celui à qui l'histoire de la Révolution a sans doute appris qu'il est normal de trouver des flaques de sang sur les degrés du pouvoir...

LES OBSEQUES DES VICTIMES DU 6 FEVRIER

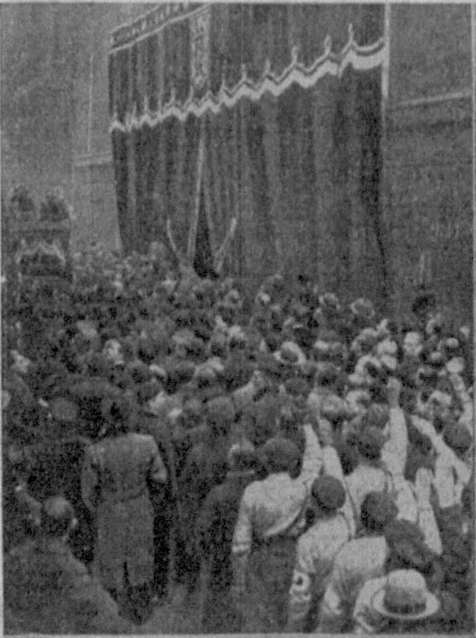

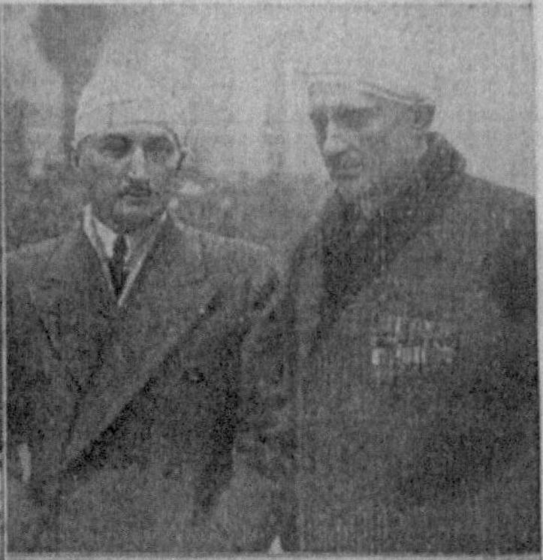

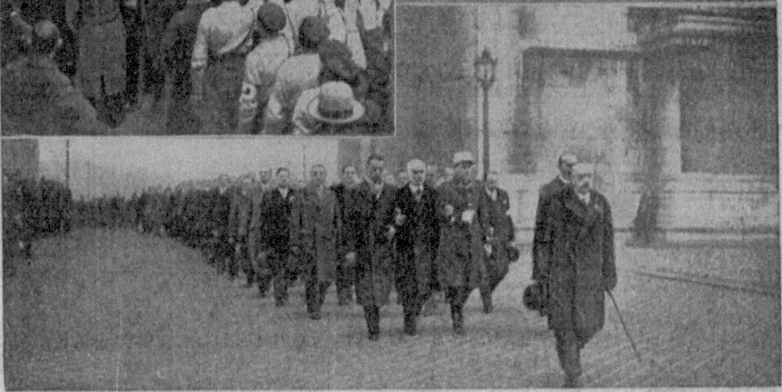

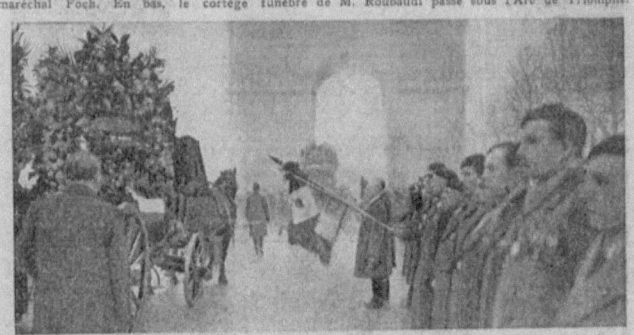

Hier ont eu lieu les funérailles de plusieurs des victimes de l'émeute du 6 février. En haut, à gauche, devant l'église Notre-Dame de Bonne-Nouvelle, les camarades de M. Rossignol, tué place de la Concorde, font le salut fasciste devant le cercueil. A droite, dans le cortège funèbre, M. Jean Goy, député de Paris, et le commandant Lhopital, officier d'ordonnance du maréchal Foch. En bas, le cortège funèbre de M. Roubaudi passe sous l'Arc de Triomphe.

EXCELSIOR
DIMANCHE 11 FÉVRIER 1934 page 8

Tandis que le cortège qui accompagne le cercueil de M. Roubaudi monte vers la place de l'Etoile, le drapeau des Jeunesses patriotes s'incline à son passage. (Voir p. 6 le compte rendu des cérémonies.)

CHAPITRE X

LA TRÊVE SUR LES TOMBES

L'aube du 7 février contempla un Paris hébété, abruti de stupeur et qui, hagard et consterné, dénombrait ses cadavres...

Pour la première fois depuis la grande guerre, le sang français venait de couler, le plus riche, le plus généreux, le plus noble, celui d'une jeunesse avide de sacrifices et de dévouement, celui d'hommes qui, pour avoir exposé leur vie sur les champs de bataille et bravé les balles ennemies, pensaient n'avoir rien à redouter d'un pays qu'ils avaient sauvé.

Que pensait à cet instant le gouvernement ? Écoutez *Germinal*. M. Rougerie y écrit le 17 février :

« *Au matin, quand on put croire la partie gagnée, on se préoccupa de savoir ce qu'on pensait à l'Élysée.* »

« La partie gagnée... », c'est ainsi qu'on résumait l'opération de la nuit.

Pendant toute la matinée, ils la crurent en effet gagnée. Assourdissant le ministère de leurs clameurs victorieuses, de leurs défis et de leurs invectives à l'endroit de ceux qu'ils avaient fait mitrailler, les ministres demandaient à Daladier de proclamer l'état de siège.

Lui, incertain, n'osait pas...

Non pas qu'il fût entièrement dégrisé. Il avait, pendant la nuit, donné le spectacle de la plus incoercible colère, allant jusqu'à ordonner d'employer contre la foule des grenades offensives. On l'avait conjuré de n'en rien faire. Les officiers qu'il avait mandés lui avaient représenté que ce serait atroce, qu'il ne se rendait pas compte lui-même de ce qu'il demandait... Rien n'avait fait fléchir son obstination. Il avait exigé allât réveiller l'officier qui avait la charge des grenades. Des précautions furent prises heureusement pour qu'on ne le trouvât point.

Maintenant, ses acolytes réclamaient de nouveau des grenades ; certains parlaient des mitrailleuses. Un d'entre eux souhaitait même qu'on recourût à des procédés plus inattendus et proposait d'armer la troupe de maillets de polo et de lassos à balles de plomb...

Oscillant entre les avis contradictoires dont on l'accablait, il demanda qu'on fît venir Léon Blum. Telle était son aberration qu'il cherchait de ce côté les affermissements dont il avait besoin. Blum vint et l'encouragea, bien entendu, à la résistance.

Cependant, le Président de la République, bouleversé par les tragiques événements, le suppliait de s'en aller. Frot, le matin, avait déclaré avec audace :

« Les gens qui ont engagé cette partie dans des conditions abominables de préparation ont trouvé devant eux des défenseurs de l'ordre qui n'étaient pas préparés, mais à l'heure où je parle, les représentants de la force publique ont entre leurs mains tous les moyens pour l'emporter sur les fauteurs de troubles.

« Personne n'a intérêt à voir continuer cela. Mais je suis ici pour faire respecter l'ordre ; je ne laisserai pas assassiner les défenseurs de l'ordre public. »

Mais cette note avait été publiée à sept heures. Depuis, les nouvelles reçues place Beauvau avaient fait baisser cet optimisme. Blum étant présent, Frot téléphona qu'il n'osait plus répondre de l'ordre dans la rue. L'arrogance des autres ministres elle-même paraissait atteinte. Martinaud-Déplat qui avait déclaré, trois jours plus tôt, dans les couloirs de la Chambre :

« Si les gens de droite veulent l'autorité et l'ordre, ils seront servis ! » n'avait plus la même assurance.

Cot et Mistler commençaient à hésiter. Guy La Chambre, par contre, qui n'avait pas quitté Daladier de la nuit, restait acharné à « tenir »...

Léon Blum cependant posait ses conditions dont la première était qu'on ne renvoyât point les Chambres, ainsi que le suggérait Daladier. Irrésolu, flottant, cet homme énergique regardait ses conseillers et ne savait que faire.

Il fallait bien pourtant prêter aussi l'oreille aux rumeurs du dehors.

L'indignation éclatait partout. La presse de gauche avait eu beau inventer tout de suite le complot, elle avait beau injurier les fascistes, dénoncer comme des « étrangers » les nobles victimes qui s'appelaient : Aufschneider, Roubaudi ou Gali Mexiane, et fidèle à ses habitudes, déshonorer ces cadavres, le mensonge, trop cynique, ne mordait pas sur l'âme populaire.

Matés ? Ah ! qu'ils étaient loin de l'être. Plus intrépides que jamais au contraire. Il y avait donc encore, dans cette vie mesquine et lâche que nous avait faite une politique de clans et d'appétits, une possibilité de mourir pour une grande cause ! Eh bien ! mieux valait en effet risquer sa vie que d'accepter cet esclavage. Et puisque ses maîtres d'un jour prétendaient entraîner la France à se faire la meurtrière des meilleurs de ses fils, autant valait lui prouver qu'on ne la confondait pas avec d'abominables usurpateurs.

La résolution était prise : virile et froide, elle donnait aux regards des hommes de France un éclat extraordinaire. Nulle vaine exaltation.

L'âme était ardente mais réfléchie. La décision n'était pas un coup de tête. Et quand Jean Ybarnegaray verra Daladier à 11 heures du matin pour lui crier son indignation, il pourra lui dire, faisant allusion à cette volonté farouche qui anime une ville entière :

« *Vous aurez ce soir 10.000 morts dans Paris !* »

Daladier alors recule. Il accepte sa défaite. Il remet sa démission.

M. Rougerie, dans *Germinal*, marque d'un mot dédaigneux sa réprobation par cette faiblesse. *Le Populaire*, plus brutal encore, dénoncera la « désertion » de Daladier.

Par contre, sitôt connue la nouvelle de cette « désertion » impatiemment attendue, et en dépit du deuil douloureux qui l'enveloppe, Paris se sent envahi par une allégresse immense. Cette allégresse même est un hommage à ceux qui sont tombés et dont le sacrifice remporte cette victoire.

L'U. N. C. s'adresse aussitôt à ses membres :

« *De véritables meurtres pouvaient appeler des représailles et beaucoup d'entre vous songeaient à les exercer !*

« *Le gouvernement de la nuit tragique a eu peur et a fui !*

« *Vous avez gagné la bataille et quelle « victoire pour l'avenir de la France !* »

D'ailleurs, tous : Croix de Feu, Action Française, Jeunesses Patriotes, Contribuables, saluent unanimement la haute leçon donnée aux vivants par les morts.

Et comme le soir, les communistes veulent aussi « leur » manifestation, — ces communistes que *le Populaire* présente comme des modèles de sagesse et de raison et qui vont dans quelques heures descendre de la banlieue, piller les magasins, briser les vitres à coups de pavés, prendre un moment d'assaut les sous-sols de la gare de l'Est — les organisations nationales demandent à leurs membres de ne pas se mêler à ces bandes.

Ces consignes seront suivies. Alors sur quels ordres la police agira-t-elle, non plus avec des manifestants, mais avec des passants isolés qu'elle traite comme elle n'oserait sans doute pas traiter des malfaiteurs ?

Il n'est pas inutile de rapporter ici quelques faits entre tous ceux qui marquèrent cette soirée.

M. Agier, notaire à Poitiers, a deux beaux-frères. L'un, M. Aubrun, 7, square de la Tour-Maubourg, était sorti le soir du 7, pour acheter un paquet de cigarettes vers 22 heures. Il se trouvait sur l'esplanade des Invalides où il n'y avait que quelques rares promeneurs, quand un camion passa auprès de lui et stoppa. Deux gardes mobiles, sautant à terre, s'élancèrent vers lui et l'un d'eux, lui disant : « Toi, tu as une tête d'officier de réserve », lui asséna un coup de matraque sur la tête, puis on le chargea dans le fourgon où se trouvaient d'autres blessés, et tous ces « émeutiers » furent descendus devant le poste de police du quartier où on les fit entrer à grand renfort de coups de pied. C'est à deux heures et demie du matin seulement que, grâce à l'obligeance d'un de ses amis, médecin, Mme Aubrun put savoir que son mari avait été arrêté, blessé et se trouvait au poste de police.

L'autre beau-frère de M. Agier, M. Bachy, habite 60, avenue de la Bourdonnais. Il était lieutenant d'artillerie, au 20e régiment, au début de la guerre, et légendaire pour sa bravoure. Il se trouvait avenue des Champs-Élysées quand un capitaine de gardes mobiles se précipita sur lui et lui mettant son revolver devant la figure, lui dit : « Nous avons l'ordre de tirer. » Le capitaine fut désarmé par des amis qui entouraient M. Bachy...

Et voici, maintenant, la lettre de M. Gérard d'Heilly, sous-lieutenant de réserve et ingénieur, 4, avenue Mangin, à Versailles :

« Mercredi, 7 février, à 21 heures 30, j'ai été arrêté d'une façon absolument arbitraire sur la place de la Concorde, alors calme et vide, au moment où je regagnais la gare des Invalides pour rentrer chez moi. Conduit au poste de la rue de Bourgogne, après avoir

donné mon nom et décliné mes qualités, je passai aux mains des gardes et des agents qui, à coups de poings, à coups de pieds, à coups de casques et de bâtons, me frappèrent avec une brutalité inouïe, puis me laissèrent à demi assommé au milieu d'autres soi-disant manifestants, dans une petite salle où nous étions à l'abri des coups, mais non des injures les plus grossières. Comme les agents et les gardes prétendaient suspecter nos sentiments de Français et notre courage devant un ennemi extérieur, je leur fis remarquer que j'étais officier de réserve et prêt à faire mon devoir comme les autres. Le titre d'officier de réserve leur parut probablement une provocation et une insulte à leur dignité de défenseurs de l'ordre, car ils redoublèrent d'injures et sans motif se précipitèrent à nouveau sur moi, me malmenèrent avec une véritable rage et après m'avoir jeté par terre, me piétinèrent le visage.

« Les injures et les coups ne prirent fin que vers 23 heures, lorsque pour faire de la place on nous transporta au poste de la rue de Grenelle Où je fus gardé à vue jusqu'à 3 heures 30. »

Avec M. d'Heilly, on avait arrêté et soumis aux mêmes traitements, M. Maurice Croizé, de Pourcelet, 10, rue Hoche, à Versailles, M. René Filleaud, valet de chambre au service de Mme de Brémond d'Ars, 21, quai Malaquais, qui furent témoins de scènes de brutalité révoltantes dont se trouvèrent victimes leurs compagnons d'arrestation.

Telle fut la pauvre revanche que prirent, en ce soir du 7 février, ceux qui avaient dû quelques heures plus tôt démissionner, mais qui, détenteurs provisoires d'un pouvoir qui venait de leur être arraché, se donnaient à eux-mêmes l'illusion d'un reste de puissance.

Et maintenant Daladier est parti. Frot est parti. La France sort de ce cauchemar comme d'un brouillard sanglant. Cette âcre odeur de guerre civile, ces pavés où l'on voit des traces brunes, ces murs et ces statues éraflées de balles, ces balustrades démolies, ces blessés sur leur lit d'hôpital, et ces morts, tous ces morts, — fallait-il donc payer de ce prix la libération ?

Les vaincus, du reste, n'acceptent pas leur défaite...

La T. S. F. les a bien servis, elle qui représente les victimes comme des escarpes et des apaches. Le cinéma pourrait être plus révélateur. Qu'à cela ne tienne : on coupe les films et on ne montrera à la province que les scènes de pillage. Le défilé des anciens combattants, les drapeaux, la Marseillaise, une censure impitoyable a interdit tout cela. Leur presse aussi est bien stylée. Enfin, leurs orateurs vont se répandre à travers la France. Ils exalteront les « républicains » qui ont sauvé les libertés démocratiques de la dictature de droite et du fascisme. Ils raconteront le complot, ils regretteront seulement que Daladier ait été faible et qu'il ait déserté...

Et ainsi, qui sait ? Avec une propagande bien faite, à laquelle vont participer, si l'on en croit les énumérations publiées déjà par des journaux régionaux, côte à côte, le parti communiste, le parti socialiste, le parti radical-socialiste, le parti socialiste de France, la F. O. P., l'A. R. A. C., la Ligue des Droits de l'Homme, la C. G. T., les Travailleurs sans Dieu, la C. G. T. U., les Loges maçonniques, la Libre pensée et la Jeune République, — avec cette propagande-là, on arrivera peut-être à persuader la province...

Car ils en sont là : puisqu'ils ne peuvent plus mentir à ceux qui ont vu, il leur reste la ressource de truquer la vérité pour ceux qui n'étaient pas là.

On ne sait vraiment de quoi s'étonner le plus, de leur inconscience ou de leur sottise.

La province peut être abusée pendant quelque temps.

Pas longtemps.

Jean Mistler endoctrinera Castelnaudary, Eugène Frot sait qu'il peut compter sur Montargis où Jean Zay l'épaulera. Guy La Chambre retrouvera à Saint-Servan une clientèle qu'il tient solidement. Pierre Cot, bien qu'il ait déclaré qu'il ne se représenterait plus, a encore le temps de changer d'avis. Rien n'est peut-être perdu.

Pourtant, on est loin du rêve ébauché, du but si persévéramment poursuivi.

Où sont donc les louanges, les adulations, les flagorneries, qui montaient de toutes parts il y a quelques semaines vers celui qui devait être « l'homme » ?

Aujourd'hui se doute-t-il lui-même de l'immense réprobation qui l'environne ? Lui non plus n'a pas voulu cela... Dégrisé maintenant, il plastronne pourtant devant la commission d'enquête.

Mais Paris le rejette, Paris le méprise, Paris le hait.

Alors, encore un coup, et pendant quelque temps du moins, la province peut-être...

Mais non : de toutes parts, la province interroge anxieusement. Elle devine le mensonge, la supercherie, la calomnie.

Elle veut participer au deuil de Paris, à la générosité de Paris, à l'effort de Paris. Tout au long de son histoire, elle a fait confiance à sa capitale. Elle continuera. Tant pis pour ceux qui voulaient transporter la guerre civile sur un nouveau terrain.

La tâche demeure immense et lourde.

Mais les responsables des tueries sont à jamais stigmatisés.

Les prédicateurs de haine, les fourriers du « fascisme de gauche » en seront pour leurs frais. La France unanime, capitale et province unies, dira qu'elle veut que les morts français, tombés sous les balles françaises pour la défense des libertés françaises, ne soient pas morts en vain...

Elle exigera que soient confondus les calomniateurs et punis les coupables.

Et, réveillée par les fusillades de la place de la Concorde d'une torpeur à laquelle elle s'abandonnait depuis trop longtemps, il dépendra de chacun de ses enfants de lui préparer de meilleurs lendemains, à la faveur de la trêve fragilement et douloureusement née sur les tombes du 6 février...

CHAPITRE XI

ET MAINTENANT ?...

Au moment où ces lignes seront publiées, la commission d'enquête continuera de siéger. Ce tribunal de 44 membres interrogera, confrontera, enregistrera les affirmations, les contradictions et les démentis. Les faits seront repris un à un, examinés, disséqués.

Mais rien de tout cela ne sera plus placé sous l'éclairage convenable. La lumière artificielle des reconstitutions n'a rien de commun avec le plein jour où baignèrent les faits. Derrière ces dépositions et ces témoignages, au long des interminables colonnes des journaux, le pays cherche passionnément à savoir et à comprendre. Demain, on espère peut-être que perdu dans l'abondance des détails, égaré dans le labyrinthe des interprétations et des hypothèses, il se laissera persuader que les choses ont été grossies et exagérées. Là où il croyait assister à une tragédie, on lui affirmera qu'il ne s'agissait que d'une opérette.

Dommage seulement pour ceux qui seront chargés d'écrire cette histoire qu'il y ait les morts !...

Les mêmes hommes qui inventèrent le complot de droite et essayèrent d'ameuter l'opinion autour de la tentative fasciste, s'apercevant que leur roman s'écroule, essaient déjà de laisser entendre que rien de tout cela n'était au fond très sérieux.

Et pourtant une chose est et demeurera sérieuse : l'ambition d'un homme intelligent qu'enivra le rêve d'être à quarante ans le maître de son pays. Ambition que, probablement, il ne souhaitait pas sanglante.

Mais du jour où elle se heurta à la résistance, il crut qu'il avait le droit de dire à ceux qu'il rencontrait en travers de ses plans : « *A aucun prix.* »

Ce qui frappe dans sa longue déposition, c'est que s'il se met en scène avec soin, s'il un long discours politique pour exposer ce qu'il eût fait, on cherche en vain un mot de regret pour les morts. Ces morts, il semble qu'il les ait déjà rayés de sa mémoire. On eût aimé trouvé sur ses lèvres une parole émue. Et même si, par une aberration inconcevable, il refusait d'admettre sa propre responsabilité du moins pouvait-il déplorer que se fût achevée dans le sang sa première journée de pouvoir. Mais non. Vous l'avez entendu. Il déclare :

« *On ose dire que j'étais affolé. Demandez donc aux gens qui m'ont vu si j'ai perdu mon sang-froid.* »

Il estime, sans doute, qu'il prouve ainsi ses aptitudes d'homme d'État. Il ne tremble pas, il n'a peur de rien, dit-il, pas même d'être assassiné. Il garde son sang-froid en toutes circonstances. Il était de sang-froid le 6 février comme les autres jours.

Qu'on se souvienne aussi de l'interview qu'il donna au Matin et où, avec tant de pitié méprisante, il jugeait ses piètres collaborateurs sans en excepter son Président du Conseil :

« *Presque sans interruption j'étais appelé au téléphone par la Chambre. L'entourage de Daladier me harcelait de questions, demandant comment se déroulait la manifestation, ce que faisait le service d'ordre, si toutes les mesures étaient bien prises pour défendre le Palais-Bourbon. J'avais la lamentable impression qu'au bout du fil régnait une peur intense...* »

Figure étrange ! Lorsque Montargis, le 11 mars, organise une manifestation en son honneur, il ne s'y montre pas, mais il laisse Jean Zay se charger de son apologie. Ses amis — car il en a de fidèles — le déclarent méconnu et calomnié. Mais, au fait, comment entend-il l'amitié, cet homme qui, travaillant avec Marquet depuis plusieurs semaines, le trahit au moment où l'heure vient de transposer leur collaboration sur le plan gouvernemental ? Il a fait mille avances à des hommes et à des organisations de droite ; et il semble s'accommoder assez bien de ce que *le Populaire* et *le Gâtinais* mêlent les injures qu'ils adressent à ces hommes aux éloges qu'ils lui décernent à lui-même...

Oui, au fur et à mesure que s'éloigneront ces souvenirs dans un pays où nous oublions vite, bien des choses s'estomperont. A la faveur de la multiplicité des dépositions, cédant peut-être aussi à la lassitude, les partisans du juste milieu feront d'Eugène Frot un homme intelligent et ambitieux que desservirent seulement les circonstances. Et satisfaits de ce verdict, les juges se sépareront en se disant : Tout cela pourra s'oublier.

Eh bien ! non : les morts ne s'oublieront pas, ni cette date, obsédante, dénudée, éclaboussée de sang et glacée comme une tombe.

Nous avons essayé de retracer les jours qui la précédèrent. Était-il utile de peindre ceux qui la suivirent ? Le 7 au soir, il y eut encore des morts dans Paris ; mais qui pourrait comparer ceux qui, désarmés, chantant la Patrie et son honneur, furent abattus dans le dos et ceux qui tombèrent vingt-quatre heures plus tard ayant encore à la main les armes de la guerre civile ?

Non, ces heures qui suivirent le 6 février, ces derniers soubresauts d'une émotion tragique, il n'est pas utile d'en conter ici le détail. Pas plus la manifestation communiste du 7 que la grève générale organisée le 12 par la C. G. T. n'a le moindre rapport avec le noble et douloureux 6 février. Les organisateurs de ces manifestations prétendaient protester contre le fascisme. Quelle relation pourrait-on établir entre cette rengaine utilisée comme signe de ralliement par les ennemis de la patrie ou les fauteurs de troubles, et la journée qui apparaîtra dans l'histoire comme l'étonnante réalisation de la prophétie de Georges Clemenceau :

« *Ce n'est jamais en parlant qu'on change un état de choses ; c'est en se sacrifiant. Tant qu'il n'y aura pas des hommes tués, vous entendez, des bourgeois à l'état de cadavres sur la place de la Concorde, il n'y aura rien, il ne pourra rien y avoir d'amélioré. Tout se mérite, tout se paie.* »

Il y a eu des hommes tués, il y a eu des cadavres sur la place de la Concorde. Va-t-il y avoir maintenant quelque chose d'amélioré ?

La trêve est venue, mais ce n'est qu'une trêve. Nous permettra-t elle du moins de comprendre les leçons que nous serions impardonnables de négliger, que le gouvernement lui-même serait coupable d'oublier ? La France s'est soulevée dans un grand mouvement de dégoût contre ceux qui la déshonoraient. Elle proclame son droit à la propreté. Essayer de lui donner le change serait vain. En ce moment, la rue se tait, mais elle se recueille ; elle ne proteste pas, mais elle attend ; elle ne crie pas, mais elle se prépare.

Que ceux qui savent la regarder et la comprendre la jugent non comme une ennemie, comme un élément dangereux et inquiétant, mais comme une collaboratrice qu'il ne faudra plus méconnaître ni braver.

Ceux dont elle a contrarié les plans et qui affectent de parler d'elle avec mépris voudraient démontrer qu'il n'y a plus d'autorité quand c'est elle qui l'exerce ; ils font observer que la rue maîtresse du pouvoir, c'est la Révolution.

Soit. La rue se substituant à l'État, c'est la Révolution. Mais la rue avertissant l'État et lui rappelant son devoir, cela devrait être pour un gouvernement un appui salutaire.

Car, enfin, si l'autorité n'avait pas été défaillante, si les pouvoirs publics avaient fait leur devoir, l'idée ne fût pas venue à la rue d'intervenir. Elle est intervenue parce qu'elle a senti qu'on la trahissait et qu'on lui mentait. Elle exige qu'on ne recommence plus. Elle regardera désormais de plus près ceux qui lui commanderont.

C'est qu'aussi, peu à peu, s'est estompé chez ceux-là le sens du devoir. Naguère, gouverner, c'était occuper un poste ; aujourd'hui, c'est conquérir une place. Autrefois, c'était assumer une charge ; aujourd'hui, c'est recueillir un profit.

La rue l'a constaté. Elle n'est pas, quoi qu'on en dise, un ramassis d'émeutiers et de rebelles. Elle est le peuple lui-même tout à coup rassemblé par une grande indignation ou par un grand enthousiasme. A-t-elle tort de demander, quand elle obéit, que ceux à qui elle obéit soient dignes de lui commander ? Et pour être digne de lui commander, elle estime qu'il faut d'abord lui donner la justice.

Or, depuis le 6 février, il est une question que la rue n'a pas cessé de se poser, une question à laquelle elle trouve que la réponse a déjà beaucoup trop tardé, une question brutale et directe : Punira-t-on les coupables ?

Car la rue sait bien, — malgré M. Frot qui n'y pense plus, malgré M. Bonnefoy-Sibour qui trouve que tout s'est bien passé, — que ses morts ne sont pas morts par hasard.

Ceux qui les firent assassiner, espèrent-ils être sauvés à la fin par la lassitude et par l'oubli ? Escompte-t-on la possibilité d'un jugement qui renverrait dos à dos les victimes et leurs bourreaux ? Qu'on y prenne garde : la rue ne tolérera l'indulgence ni pour les escrocs, ni pour les meurtriers.

Et, précisément, elle a le sentiment qu'aujourd'hui tout est à vendre et que la conscience d'un procureur vaut juste autant que celle d'un ministre. Elle s'indigne devant le récit des escroqueries et elle relit le mot de Barrès qui flamboie en traits fulgurants au fronton de tous les scandales :

« Il faut se souvenir qu'un escroc ne réussit qu'autant qu'il intéresse à ses escroqueries des personnages puissants. »

Ces personnages puissants, elle les a crus respectables. Elle vient de s'apercevoir qu'ils la dupaient, que les ministres touchent des pourboires et qu'il y a du sang sur l'hermine des magistrats.

La rue, alors, généralise ; le déshonneur, dans sa pensée, éclabousse même les hommes qui ne l'ont pas mérité. Et cette suspicion universelle qui étend la même réprobation sur les innocents et sur les coupables est un élément de démoralisation aussi bien pour ceux qui en sont les victimes que pour ceux qui s'en nourrissent et s'en indignent.

Tares avec lesquelles nous avions trouvé des accommodements ; gangrène que nous tentions de dissimuler sous un sourire blasé ; cancer dont le coup de bistouri brutal a soudain décelé les ravages...

Les voiles qui cachaient ces misères et ces hontes, les voici tout à coup déchirés. Il faut avoir le courage de regarder en face les plaies et de se dire que le salut ne viendra que d'une implacable résolution de tout faire pour guérir.

Ainsi sur notre route cette journée du, 6 février projette-t-elle la dure lumière de ses enseignements.

Mais Clemenceau avait raison : tout se paie, et tout se mérite.

Or, nous avons payé et il n'est pas possible que nous n'ayons pas mérité. Quelque chose a changé et s'est amélioré. La France a vraiment commencé sa propre libération.

Comprendra-t-elle du moins que le magnifique rassemblement de toutes ses forces vives, opéré à la faveur des heures troubles que nous venons de connaître, doit survivre au 6 février ? En face des menées souterraines d'une armée révolutionnaire qui s'organise, saura-t-elle, elle aussi, réaliser le « front commun » des intelligences, des cœurs et des dévouements de ceux qui croient en elle ?

Depuis des années, empoisonnée par des doctrines de destruction sociale reposant sur l'envie et la haine, obstinée à fêter les apôtres de la décomposition morale, accueillant dans ses salons avec un aveuglement déconcertant un bolchevisme intellectuel qui désagrégeait ses traditions, entraînée sur tous les chemins du plus pernicieux internationalisme par les métèques qu'elle avait trop généreusement accueillis, — l'heure est venue pour elle d'éliminer le virus qui la mènerait à la mort.

Et, pour cela, qu'elle renonce enfin aux mesquines compétitions qui, pour des intérêts de partis, opposent les uns aux autres des hommes que tout devrait rapprocher.

Certes, elle affirme en avoir compris la nécessité. Le mot d'union est sur les lèvres de tous les orateurs, dans le titre de toutes les ligues, dans le programme de toutes les organisations. Mais prêcher l'union est une tâche aisée. La désirer sincèrement est infiniment louable. La réaliser, c'est cela seulement qui sera méritoire et fécond.

Pour la réaliser, obtiendra-t-on des chefs qu'ils consentent à voir le salut de leur pays autrement qu'au travers de leurs préférences et parfois de leurs ambitions personnelles ? Obtiendra-t-on des troupes qu'elles renoncent à leur habitude de mettre autant d'ardeur à discuter leurs chefs qu'elles ont mis d'impatience à la réclamer ? Abnégation et discipline, ces deux vertus permettront seules les réformes que tout le monde attend.

Ah ! qu'il faudrait presque bénir les scandales s'ils avaient servi à nous révéler enfin l'immensité de la tâche et la gravité de nos responsabilités !

Il ne suffit pas d'écrire en tête d'un programme : Autorité. Il faut se souvenir que l'autorité se mérite et que, si elle s'est perdue chez nous, c'est que ceux-là même qui la détenaient l'ont avilie ; il faut se souvenir qu'il est vain de prétendre l'imposer si l'on n'est pas digne de la faire accepter ; il faut enfin ne pas oublier qu'elle s'éteint faute d'être exercée et que la révolte de ceux qui devraient obéir est souvent la conséquence directe de l'abdication de ceux qui n'ont pas osé commander.

Remettre les choses et les gens à leur place ; choisir comme il convient ceux qui dirigeront ; les choisir d'après leur compétence, leur dévouement à l'intérêt supérieur du pays, leur sens rationnel et leur valeur morale, telle sera la première étape.

Et il faudra rendre à tous, et d'abord à l'État, le sens de la responsabilité.

Paradoxe déroutant : si l'on examine les dépositions faites devant la Commission d'enquête, on constatera que, soit qu'il s'agisse de l'affaire Stavisky ou du 6 février, si chacun songe à se décharger sur son voisin.

L'épargne publique est détroussée avec l'appui complaisant de lettres écrites dans les ministères. Mais les ministres ne les avaient pas écrites ! Mieux : ils ne les avaient pas lues ! Mieux encore : ils estimaient n'avoir pas à les lire ! Leurs services seuls sont en cause. Qui a écrit ? Qui a téléphoné ? Qui a recommandé ? Qui a signé ? Qui a transmis ? Personne n'en sait plus rien. On noue tant de relations dans les couloirs de la Chambre, dans les cabinets ministériels, les casinos, les restaurants, les dancings, les cabarets ! Le Claridge, le Fouquet's sont devenus les succursales des ministères et on y trouve plus souvent les ministres qu'à leur bureau ! On serre tant de mains ! On a autour de soi tant de « chers amis » ! Et vingt parlementaires ont dîné avec Alexandre Stavisky sans connaître seulement son nom !... Hélas ! et quand il ne s'agit plus de protéger un escroc, mais de fusiller des Français, chacun s'évade de la même manière des interrogatoires gênants. Qui a donné l'ordre de tirer ? Qui sait ?... A-t-on même donné l'ordre ? On ne sait pas davantage qui dirigeait ce soir-là la police ? Bonnefoy-Sibour, Marchand ?... Et ainsi, à force d'éparpiller et de diluer les responsabilités, espère-t-on lasser la persévérance de ceux qui s'acharnent à les retrouver.

Pourtant, la vérité logique et lumineuse n'est-elle pas que toute responsabilité ne s'établit qu'en remontant jusqu'à la tête. La culpabilité directe se discute ; la responsabilité, non. Le capitaine du navire qui sombre peut n'être pas coupable. Nul n'admettrait qu'il niât sa responsabilité. Comment dès lors un Daladier et un Frot essaient-ils de se dérober à la leur ?

Réapprendre à quiconque convoite un poste qu'il accepte du même coup une charge dont il n'aura pas le droit de se débarrasser aux heures difficiles, cela paraîtra sans doute essentiel après les événements dont nous sortons et le spectacle pitoyable que nous ont offerts les déserteurs de la responsabilité.

Bref, redressement de la conscience individuelle et de la conscience nationale, telle est la tâche de demain, celle qui conditionne toutes les réformes. Pour mettre fin au désordre des affaires, à la gabegie, au pillage, à l'anarchie, ah ! que le rassemblement des braves gens survive aux jours humiliants et tragiques qui le provoquèrent !

Et que chacun songe qu'il aura demain sa part de sacrifice à fournir. Quel gouvernement y aidera en supprimant courageusement toute cette mendicité électorale, cette distribution de faveurs et de places, ces passe-droit tellement entrés dans les mœurs que ceux qui ne les demandent pas sont toisés avec pitié par ceux qui en bénéficient, ces rubans rouges, créés pour récompenser l'héroïsme ou la valeur, et devenus aujourd'hui une laisse avec laquelle on enchaîne les clientèles ?...

Méditation immense que nos misères d'hier offrent à nos espérances de demain ! Route soudain retrouvée par nos énergies et nos volontés qui s'en étaient laissé détourner. Avoir démasqué les coupables de l'affaire Stavisky, avoir pleuré les morts du 6 février, à quoi bon, si c'est pour mériter par notre apathie et notre indifférence d'être demain les victimes de nouveaux escrocs, les cibles de nouveaux meurtriers ?

« *Dieu, la famille, la femme, l'enfant, le travail, l'amour, tout cela est sérieux, très sérieux même : il faut que tout cela vive ou que tu meures* », disait déjà Alexandre Dumas.

Et Paul Bourget, le citant en 1889, ajoutait :

« *Tu es décidé à bien mourir ; es-tu décidé à savoir vivre ?* »

Telle est la question qui se pose encore aujourd'hui devant la France et devant chacun de ses fils. Tant d'entre eux surent bien mourir ! Et des champs de bataille de 1914 au calvaire de la place de la Concorde, tant de sang français a coulé !... Nous qui survivons, sommes-nous vraiment décidés à savoir vivre ?...

Se le demander, n'est-ce pas déjà rallumer en soi l'indispensable passion de servir ?

« *A bas les voleurs !... Pour que la France vive honnête et propre !...* »

Clamaient les manifestants de ces heures inoubliables... Voici les voleurs à bas... Mais la France ne vivra honnête et propre que si nous l'exigeons et si nous l'imposons.

La partie sera dure. Mais nous l'abordons avec confiance.

Nous entendrons encore crier sur nos pas :

« Dictature ! fascisme !... »

Cessons donc d'avoir peur des mots-épouvantails. Le peuple le plus brave du monde tremble devant une étiquette et bat en retraite devant un mot ! Qu'il reprenne sa hardiesse en comprenant que ceux dont le 6 février a vu la déroute s'efforcent désespérément de donner le change.

Car toute cette corruption, tout ce travail effrayant de désorganisation, cet empoisonnement lent qui nous minait, c'était précisément l'œuvre d'une dictature à laquelle il s'agit maintenant d'arracher notre patrie. Cent fois dénoncée, elle a cent fois résisté victorieusement. Veillant simultanément à tout, contrôlant l'armée, épiant l'école, elle réalisait infatigablement son plan :

« Être sentie partout, n'être découverte nulle part. »

A la fois implacable et souterraine, occulte et tyrannique, elle avait des ramifications innombrables ; elle régnait au sommet de l'État ; elle se terrait dans les termitières de sous-préfectures ou de cantons. Oui, dictature, une dictature qui se croyait tout permis ; qui, obstinément, dissimulait les tares, encourageait les arrivistes, casait ses créatures, rassasiait les profiteurs, protégeait les coupables, achetait les consciences ; une dictature qui ne tolérait ni une résistance ni une attaque et qui savait aussi bien faire disparaître les dossiers encombrants que les témoins gênants ; une dictature qu'il est possible de suivre à sa trace sanglante au long de l'histoire de ces dernières années, depuis la chambre où Syveton mourut asphyxié jusqu'à la prison où fut étranglé Almereyda, depuis la villa neigeuse où disparaît Stavisky jusqu'à la voie ferrée où un matin de février on retrouve le cadavre du conseiller Prince...

La Maffia ! a avoué avec une sorte de terreur superstitieuse le Ministre de l'Intérieur.

Ah ! terreur de prononcer son nom, son vrai nom ! Pourquoi laisser ce masque : la Maffia, sur ce visage sinistre : La Franc-Maçonnerie ?

Avoir arraché ce masque, avoir secoué le joug de cette dictature, c'est déjà le commencement de la délivrance et la promesse de la victoire.

Car cette puissance qui nous épuisait, qui minait nos efforts, qui stérilisait nos vertus, qui paralysait nos héroïsmes, c'est contre elle, qui fut la grande corruptrice, que se sont levés ceux que révolte la corruption ; c'est contre elle, qui fut la mystérieuse exécutrice des besognes antinationales, que se sont insurgés ceux qui ne veulent pas que la France meure ; c'est contre elle, qui ne redoute pas le sang pour assurer sa domination, que se sont rebellés ceux qui n'acceptent pas de capituler devant la terreur.

La voilà cependant démasquée et découverte. Sa disparition seule permettra la renaissance attendue.

Plaise à Dieu que cette fois l'œuvre entreprise soit menée à bien ; que la route de notre relèvement soit déblayée et que les vivants, conscients de leurs responsabilités, soient à la hauteur de la tâche redoutable mais impérieuse que leur léguèrent, en tombant *« pour que la France vive honnête et propre »* les dix-sept morts du 6 février !...

FIN

TABLE DES MATIÈRES

Avant-propos 5

Chap. I. — Le cheminement dans la sape 17
— II. — L'homme 35
— III. — La bombe prématurée 43
— IV. — Parade 57
— V. — Premières lézardes 67
— VI. — La rue 79
— VII. — Affiches 95
— VIII. — Tempête sur le Palais-Bourbon 101
— IX. — Le sang du 6 février 119
— X. — La trêve sur les tombes 151
— XI. — Et maintenant ?........................... 163

the Savoisien & Baglis

Retrouvez toutes nos publications sur les sites

- vivaeuropa.info
- the-savoisien.com
- pdfarchive.info
- freepdf.info
- aryanalibris.com
- aldebaranvideo.tv
- histoireebook.com
- balderexlibris.com

Librairie Excommuniée Numérique CULUS (CUrieux de Lire des Usuels)

www.ingramcontent.com/pod-product-compliance
Lightning Source LLC
LaVergne TN
LVHW091548060526
838200LV00036B/752